The Culture
of War
in China

Empire and the Military
under the Qing Dynasty

[美] 卫周安（Joanna Waley-Cohen）- 著
董建中 等 - 译

清外中国研究文库·二力馆　　董建中 - 主编

清代战争文化

中国人民大学出版社
·北京·

目　录 | contents

插图目录

序　言

这本书汇集了我十多年来关于 17、18 世纪中国军事文化不同方 面的研究文章，人们通常认为 17、18 世纪代表了满人统治下清王朝 （1636—1912）发展的顶点。现在，我的观点已为人所知，可在我开 始研究这个课题时，学者们还没有考虑清代中国的军事文化或文化 的军事化问题。这本书的主体包括四篇文章（第二、三、四、五 章），它们都曾刊载在学术期刊或论文集中。此外我增加了新的绪论 和结论，也就是现在的第一章和第六章。读者可以阅读其中的任一 部分，也可以连续读完整本书。此次将修订后的各文章结集出版， 可以让更多的读者看到我对清朝军事文化的研究，因为它作为一种 分析手段，似乎对其他的一切都有着很强的解释力。

这项研究刚开始的时候，现在被称为"新清史"的有分量、有 影响的学术研究还处于起步阶段；这些年来，它对我的研究多有帮 助，同时也受到了我研究的影响。正如我在第一章所解释的那样， 这一新的历史解释已经给我们对过去两三百年的理解带来了全新的启示。尤其是，它与其他关于民族主义兴起的学术研究一道，使我们更加认真地反思我们所说的"China"和"the Chinese"的含义是什么，以及这些术语的含义是如何不断变化的，这包括了满人统治之时。本书还做不到不使用此类简单明了表达的术语，但对它们的使用并不表示有任何固定的或单一的意义。

我的研究关注的时段，是从 1636 年清朝宣布建立其新帝国到通常被认为标志着清朝统治衰亡开端的 18 世纪末。清朝的三位皇帝进行了近一百五十年的非凡疆域开拓，直到 1799 年乾隆皇帝（1736—1795 年在位）去世，他是三年前禅位的，因为他不想在统治时间上超过他了不起的祖父康熙皇帝（1662—1722 年在位），因为那样做不孝。乾隆皇帝争强好胜，希望能在差不多所有方面都超越他的祖父，包括征服更多的领土，统治更多的人民，收藏更多的艺术品，建造更多的宫殿，写作更多的诗歌，等等。他才能出众，抱负远大，就是要出人头地，百尺竿头更进一步，他不是清朝文化转变运动的发起者（这一文化转变与一再引发了帝国空前开拓的军事胜利相一致），但他终究是此中的真正主角，因此他的言语和行动在接下来的各章中最为突出。

不管喜欢与否，作者们常常受到他们研究主题的影响，我常常思考乾隆皇帝密切关注的语言和文化之间的"翻译"问题，为的是找出词汇来描述我称之为"文化军事化"（militarization of culture）的东西。可不论是中文还是英文，都没有真正恰当、通行无碍的术语来表达这一概念。我所使用的"文化"，既指具体的艺术、建筑、文本、宗教、仪式等等，又指广义的文化环境，是在思维方式以及理解模式的意义上说的。"军事化"指的是将军事和帝国主题注入广义的文化生活的几乎每一个领域。必须指出的是，我对清朝"文化军事化"的讨论，与其说是一种绝对的变化，毋宁说是引入了比以前更多的尚武精神或氛围来重塑文化，这并不意味着一些或全部的更常见的文化生活形式因此被搁置了。这种转变往往是精心构制的帝国政策的直接结果，但有时它是这种政策的意外结果。它是皇帝们追求大一统（universality）的产物；大一统，一言以蔽之，就是尽力使各臣民各得其所，也因此统治他们所有人。

我的研究自始至终都得到了许多帮助。感谢美国学术团体委员会、国家人文基金会、约翰·奥林基金会资助这本书关键的基础研究部分。感谢中国第一历史档案馆、中国国家图书馆、北京石刻艺术博物馆、北京市文物局、法兰西学院、耶鲁大学图书馆、纽约大学博斯特图书馆。在本研究的各个阶段，都得到了各种评论意见，来自美国、欧洲、新西兰等许多不同论坛的与会者和听众，感谢他们。感谢纽约大学我的过去的与现在的同事和学生。

我获准使用了自己的如下文章：

1.《18世纪中国的纪念性战争》（"Commemorating War in Eighteenth-Century China"），载《现代亚洲研究》（*Modern Asian Studies*）第30卷第4期（1996年），剑桥大学出版社；

2.《18世纪中国的宗教、战争与帝国建设》（"Religion, War, and Empire-Building in Eighteenth-Century China"），载《国际历史评论》（*The International History Review*）第20卷第2期（1998年6月）；

3.《18世纪清帝国变动的空间》（"Changing Spaces of Empire in Eighteenth-Century Qing China"），收入狄宇宙、唐·怀亚特编：《中国历史上的政治边疆、民族边界与人类地理》（*Political Fron-*

tiers，*Ethnic Boundaries*，*and Human Geographies in Chinese History*），伦敦：劳特利奇/柯曾出版社，2003 年；

4.《军礼与清帝国》（"Military Ritual and the Qing Empire"），收入狄宇宙编：《内亚历史上的战争》（*Warfare in Inner Asian History*），莱顿：布里尔出版社，2002 年；

5.《新清史》（"The New Qing History"），载《激进历史评论》（*Radical History Review*）第 88 期（2004 年冬季），杜克大学出版社；

6.《18 世纪清帝国文化的军事化》（"On the Militarization of Culture in Eighteenth-Century Qing China"），载《共同知识》（*Common Knowledge*）第 12 卷第 1 期（2006 年冬季），杜克大学出版社。

我也感谢以下学者的或大或小、或多或少的建议、支持与协助：克里斯汀·贝尔（Kristin Bayer），白思奇（Richard Belsky），兹维·柏尼特（Zvi Ben-dor Benite），张勉治（Michael Chang），柯马凯（Michael Crook），黄巧巧（Nixi Cura），戴莹琮，狄宇宙（Nicola di Cosmo），布拉德·格兰特（Brad Gallant），伊莎贝尔·格兰特（Isabel Gallant），基特·格兰特（Kit Gallant），乔迅（Jonathan Hay），安妮·希贡内特（Anne Higonnet），纪亚萍（音，Ji Yaping），柯瑞佳（Rebecca Karl），保罗·肯尼迪（Paul Kennedy），刘一苇（Cary Liu），柳元，文朵莲（Iona Man-cheong），韩书瑞（Susan Naquin），聂崇正，杰弗瑞·帕克（Geoffrey Parker），濮德培（Peter Perdue），罗友枝（Evelyn Rawski），罗慕士（Moss Roberts），史景迁（Jonathan Spence），唐·怀亚特（Don Wyatt），杨露谊（Louise Young），马瑞林·杨（Marilyn Young），司徒安（Angela Zito）。邓加伊·潘

戈泰坎（Dungjai Pungauthaikan）录入了文字。特别感谢柯立梅（Maggie Clinton）在文稿最后阶段的重要帮助，并制作了本书的索引。

　　本书是献给我的老师的，在我的每个重要关头，他们如同乾隆皇帝一样，所做远远超出了分内之事。特别是鲁惟一（Michael Loewe）、杜希德（Denis Twitchett），我还是剑桥大学本科生时，他们将我引进了错综复杂的中国语言与历史的大门；当我在耶鲁大学读研究生时，是史景迁和余英时从许多方面给我展示了如何追求自己的兴趣并坚持到底。感激之情，无以言表，谨将此书献给他们。

第一章

军事文化与清帝国

到 18 世纪中叶，清朝（1636—1912）发展到了它的顶峰。这个
政令出自北京的庞大帝国，是世界上最强权的政治体之一。它的疆
域，除中国内地和满族统治者的老家东北外，还包括了西藏、蒙古
(今天已分为一个独立的国家以及中国的内蒙古)、台湾，以及中亚
后来被称为新疆的广袤地区。这一成就标志着经年累月的战略联盟
和军事征服进程的完成。①
对军事的高度重视是清朝最鲜明的特点之一。除了实际战争行
动外，这种重视在一场旨在将军事成功及其背后的尚武精神推向文
化生活舞台中心的广泛运动中体现得最为明显，而这给更广阔的清
帝国宏图大业奠定了军事征服和文化转变的孪生基础。在激发尚武
精神时，清朝皇帝们深为萦念的，既有与理想化满族身份密切联系

① 清朝征服新疆，见濮德培：《中国西征：清朝对中央欧亚的征服》（剑桥：哈
佛大学出版社，2005 年）；使用"满洲"指称中国的东北，见欧立德：《鞑靼的界限：
帝国与民国地理中的满洲》，载《亚洲研究杂志》第 59 卷第 3 期（2000 年 8 月），第
603～646 页。

的骑射等军事技能，又有被认为与满人相伴相生的朴素生活与节俭。他们特别将这些价值观与中国文化通常所强调的学术性、文艺性以及被认为是晚明特有的奢侈消费文化加以对比。实际上，这场文化运动意味着，在康熙皇帝（1662—1722 年在位）、雍正皇帝（1723—1735 年在位）以及更著名的乾隆皇帝（1736—1795 年在位）将帝国开拓到了前所未有的程度的同时，他们三人坚持不懈地把帝国的伟大和帝国所赖以建立的军事力量勒诸碑碣，使之永世流芳。吸收并改造政治的、意识形态的、仪式的、思想的、精神的、道德的、有形的、视觉的和物质的文化，成为一项深思熟虑的国策，以期人们关注并敬重军事成功、尚武精神及最引以为傲的结果——帝国的扩张。实际上，这一切所带来的微妙而全面的转变，就是文化的军事化。

2　　　这项政策的最重要目标，是要营造一种新的独特的文化环境，从中产生并最终以此象征着清帝国各臣民间共有的一种共同体意识。事后看来，这一过程为现代、军事化的民族国家的发展奠定了基础，在许多方面起到了至关重要的作用，尽管外来的帝国主义造成了严重的分裂。虽说战争和军事文化直接塑造了 17、18 世纪的帝国，可这一发展的结果却有着相当长久的影响。

　　　清朝统治者若能知道他们的帝国有着长久的影响，是不会惊讶的，因为除了他们对权力的直接关注之外，还有一种敏锐的历史意识支撑着他们的帝国进程。这种意识在很大程度上来源于这样的事实——符合人们常说的"一举两得"原则：清朝统治者声称同时源自两种不同的传统，即中国传统和内亚传统。他们利用这双重遗产，以复杂的方式，既加强又阐明他们寻求展现自我的多重身份。在其中的一种模式中，他们自诩为中国儒家的圣君，而权威来自他们的仁慈、学识以及美德；在另一种模式中，他们利用了以蒙古和西藏为主要代表的内亚的各种传统，以表现自己为"战士—汗"，并在佛教的影响下，将自己表现为救赎与时代终结时的转轮王。

这一多重身份，既保证他们成为多重先驱者的后继之人，又使得他们与多重先驱者展开竞争，从而开辟了各种各样的可能性。皇帝们即使开启新的方向，依据受众的不同，会声称是在遵循先例，有时还指向不止一个，以便使单一的行动合法化。有时他们也可以公开声称遵循某一先例，而私下里，他们要么遵循的是另一先例，要么还有别的先例，当然这类做法很难说是清朝所独有。

一方面，作为中国的统治者，清朝的目标明确是效仿甚至超越辉煌的唐朝（618—907），唐朝是具有鲜明的天下一统（cosmopolitanism）、文化极盛、军力超强的时代。当时，以长安（现在的西安）为中心的帝国，已经控制了部分（当然不是全部）后来归为清朝新疆的地区。唐朝，尽管有着突厥—蒙古血统，通常被认为是中国历史上最伟大的本土王朝之一，因此清朝有理由假定，成功超越了这一历史典范，就会给他们的汉臣民留下极深刻印象。② 尤其是乾隆皇帝自认为他的统治成就，胜过唐太宗（627—649 年在位），*3*而中国文人历来认为唐太宗完美地集文治、武功于一身。

当清朝统治者通过擅长汉人的古典文化寻求拔高他们在汉臣民前的形象时，这种模式特别有吸引力；而另一方面，他们也一再呼

---

② 唐朝的统治者，至少是在初期，在语言、文化上与他们的臣民有别，但为了追求正统的目标，他们将自己展现为彻彻底底的"汉人"。事实上，从来不存在"纯"的汉人或是"纯"的内亚身份，遗产也不像惯用法所表示的那样是铁板一块。

吁他们的追随者抗拒所谓的柔弱无力的汉人的学术之道。这一吊诡现象的产生，恰恰是因为要继承多种遗产。也就是说，清朝在声称作为中国传统统治者的合法性的同时，也援用了成吉思汗遗产的权威，换言之，这源于伟大的蒙古族首领成吉思汗（1162？—1227）。亚洲的许多别的政治体或多或少都有这样的取向，从清朝邻近的竞争对手准噶尔人和蒙古人，到更遥远的乌孜别克人和莫卧儿人，可以说内亚的政治权力，好像都需要这种具体的参照系。对清朝统治者来说，这一取向发挥了多种作用，尤其是使得他们可以调动藏传佛教为帝国服务，效仿的是源于成吉思汗之孙忽必烈的做法，而这刺激了他们提倡尚武精神，尚武精神是整个文化运动的基石。

如此执着于尚武精神，在很大程度上源于皇帝们对历史的理解。在他们看来——这一认识（这是当时世界上许多帝国的统治者共有的认识）的整个前提，正是受汉人的方式（文）的同化，导致了他们的先人——女真人的金朝的覆亡。12世纪时，金人已将了不起的宋朝逐出了华北，可仅在一百年后他们自己就被蒙古人灭掉了。清朝皇帝抱负远大，上面的无疑是特别令人警觉的模式，这使得满人保留了他们的武艺，以及被认为他们自来就有的节俭生活方式，而所有这些对帝国实力特别重要。清朝统治者更是认为，明朝的灭亡，是晚明社会的放任颓废、重视民政而军事明显衰败造成的。弘扬尚武精神是避免重蹈覆辙的一种方法。③

③ 欧立德：《满洲之道：清代八旗制度与民族认同》（斯坦福：斯坦福大学出版社，2001年），第9页指出许多帝国的统治者都担心未能保持尚武精神，也引用了14世纪编年体作者伊本·卡尔敦（Ibn Khaldun）的说法。

一、文与武

军事在清朝政治文化中地位日益突出，这集中表现在文武关系的转变上。从历史上看，中国的统治者一直认为有必要在文武之间保持平衡，并且有强烈的重文轻武倾向（"文"这个术语也有"文明化"的意思；至迟从 10—13 世纪的宋朝开始，就有了"中国性"）。作为通则，至少过去一千年的中国皇帝，一旦巩固了自己的地位，就采取步骤，解除先前他们赖以获致大位的军队；极少维持常备军，以防止他们叛乱。同样地，获得政治权力的正常途径历来是古典教育而不是军事成就。清朝皇帝，尤其是在利用他们的中国模式时，深谙文武平衡之道，但更多的时候，更偏爱他们的内亚模式，更重视军事力量。最终，对维持他们历经千辛万苦所获得的巨大权力而言，这似乎是一种更有前途的方式。④

在"长 18 世纪"（1683—1820），尽管新的对于武的重视没有取代文在中国至高无上这一有着强大生命力的传统，但至少在一段时间内，武打破了文对政治声望最高层的独占地位，近乎平等地分享了公众注意的中心舞台。无论是从言辞还是从实际情况看，这种调整是更广泛趋势的一部分，例如在满洲王公之间以及帝国各主要民族之间，从有着严格的上下等级转向了更为平等。在这种

---

④　中国历史上文与武的互动，见狄宇宙编：《中国历史上的军事文化》，哈佛大学出版社（即将出版）；《战争与社会》（帝制中国的文武关系专辑），第 18 卷第 2 期（2000 年）；江忆恩：《文化现实主义：中国历史上的战略文化与大战略》（普林斯顿：普林斯顿大学出版社，1995 年）。

4

特别的文武关系背景下，这一趋势包括，到这个候，参加能谋求一官半职的文、武科举考试的士子间的区别越来越小。⑤ 最后，文武间平衡的转换，也与一种观念上的倾向相一致，即较少考虑彼此间的排他性对立，更多考虑在一个连续统一体中的高下等第，在这一连续统一体中——就这里的具体讨论来说——文治、武功共生共长。我们将会看到，在这一时期，这种取向在许多不同的领域都表现明显。

同样地，这一新的对武的强调，并不必然意味着彻底贬低文的价值，毋宁说是趋向更高层次的平衡。如同之前的大多数帝国一样，清朝统治者也是旨在掌控军事，充分认识到了在长期追求其帝国目标中文的中心地位。他们期冀的是"武功"与"文德"能相辅相成，在一个辩证的过程中，帝国将是最终的受益者。⑥

并不是说清朝之前中国文化中完全不见军事内容。大众文化中到处都有以勇敢、雄才大略、忠诚著称的英雄人物，其中最著名的是宋朝精忠报国的将军岳飞和《三国演义》中的各路英雄；《三国演义》是明朝时写成的伟大小说，是以口口传诵、广为人知的历史故

---

⑤   均衡，例子可见柯娇燕：《透镜：清帝国意识形态的历史与认同》（伯克利：加利福尼亚大学出版社，1999 年），第 157～158 页；米华健：《嘉峪关外：1759—1864 年清朝中亚地区的经济、民族和国家》（斯坦：斯坦福大学出版社，1998 年），第 201 页。文、武科考士子，见艾尔曼：《明清科举文化史》（伯克利、伦敦：加利福尼亚大学出版社，2000 年），第 222～223 页。

⑥   学者们已经不再视文与武是毫不相关的两极，如司徒安：《身体与笔：18 世纪中国作为文本/表演的大祀》（芝加哥：芝加哥大学出版社，1997 年），第 17～24 页，尤其是第 20 页；方德万也在一个全然不同的语境下进行了讨论，见他的《绪论》，收入方德万编：《中国历史上的战争》（莱顿：布里尔出版社，2000 年），第 9 页。更一般意义上的平衡与"中心调整"（centring），见司徒安：《身体与笔：18 世纪中国作为文本/表演的大祀》，以及何伟亚：《怀柔远人：马戛尔尼使华的中英礼仪冲突》（北卡罗来纳州达勒姆：杜克大学出版社，1995 年），尤其是第五章。

事为基础。这些英雄包括：关羽，他是外形和道德上的"巨人"，后来被尊奉为战神；张飞，是位猛将；诸葛亮，是位足智多谋的战略家。大众文化中无处不在的，是打斗，以及除暴安良、杀富济贫的侠义故事。这类主题过去是说书人所讲故事的主流，它的听众远远不止高雅士人。更确切地说，高雅文化倾向于经典文本和高超的鉴赏力，通常会认为军事主题多少不够雅致。⑦

　　承认尚武精神在清朝文化中的中心地位，极具意义，因为这与长期以来人们所认为的中国历来政权的非军事本质——不论其统治者的实际身份为何——整个是对立的。在这方面，据说，中国至少直至帝国时代终结之时，一直如此，几乎没有变化。在不同的时期，观察家们引述这一特征，或是赞扬或是诋毁中国人对战争的态度。比如，一段时期以来，中国人将他们高深的火药知识用于娱乐，而不是侵略，这令西方人敬佩不已。但是到了19世纪中叶，西方评论家开始鄙视中国，认为它对军事缺乏兴趣，这似乎是中国明显落后和普遍无力抵御帝国主义暴行的唯一可能解释。这种看法的改变，是由于当时欧洲舆论总体上已倾向于敌视中国，尤其是因为西方人看到了自己在技术上特别是军事上日益的优势。毫无疑问，在此之前，中国人在军事上接连被外国人打败，这至少使得这样的总结，表面上看确凿可信。但回看它的早期历史，就知道这绝对不准确，如下所述，帝国的开拓及伴随而来的军事化，完全否定了这种观点，可以说，中国19世纪的受挫最终证明了是

---

　　⑦　柯律格：《明代的图像与视觉性》（普林斯顿：普林斯顿大学出版社，1997年），记述了精英美学理论根本不理睬与它并存的很活跃的装饰性图像文化，这就是一种蔑视。

例外，而非必然。⑧ 对盛清军事性质的这一修正认识，与学术界对内亚因素在清朝政策中所起的关键作用的新认识密不可分，这种新认识，在被称为是"新清史"的学术中居于中心地位。

二、新清史

前不久，学界还一致将与汉人的语言和文化背景迥异的入主中原的满洲人，看作是异族统治者一系的殿军，这些统治者对于汉文化和制度的全盘接受，是他们能够如此长久统治其广土众民的最主要原因。简言之，他们被认为在 1800 年前几乎已完全同化，而接下来又陷入了漫长而缓慢的衰退。这个过程最终画上了句号，当时满族民族自我利益明显复苏，这与它作为中国的统治者要使中国免受西方和日本帝国主义侵略的责任相冲突。在这种记述中，19 世纪和 20 世纪中国的种种不幸——这些不幸被认为是他们军事上技不如人的结果，大都归咎于满人。然而同时，这种人们所谓的最终导致满人、清朝和帝国覆亡的普遍无能，同样适用于清朝整个统治的数个世纪，而清朝长久以来军事无能的看法与此观点若合符节。

---

⑧ 18、19 世纪之交，中国军事实力是意想不到的强大，见甄爱寥：《所做为文明世界，所做为自己国家：义和团战争认识的再检讨》（香港：香港中文大学出版社，2002 年），尤其是第六章。也见杰里米·布莱克：《结语》，收入方德万编：《中国历史上的战争》，第 440 页。不断变动中的西方人的自我定义，见迈克·阿达斯：《作为人的尺度的机器：科学、技术与统治意识形态》（纽约州伊萨卡：康奈尔大学出版社，1989 年）。

然而，近来对于更多的汉文和满文档案以及稀见资料的研究，提供了足够多的新证据，证明了在 19 世纪之前清朝政策的精微和高明，我们要将任何的完全同化或是缺少高超统治的认识抛至脑后。这种修正认识的核心观点是，对清朝政策中的内亚因素有了新的认识，随之而来所揭示的是，清朝在它权势的鼎盛时期，无论是在地理上还是在文化上，都不再把中国视为帝国的中心，而只是一个更为广阔疆域的组成部分——当然是极为重要的部分。⑨

对新清史所提出的修正叙事不乏批评者。我们细加考察，还是会感到惊奇，甚至是一些先前没有争议的问题，首先是清帝国由 1644 年算起，现在也被改变了，遵循的是与中国历史不甚契合的一种观点。就此而言，断限的变化业已发生，因为在 1636 年，满族的领袖皇太极（1592—1643）明确宣布他要建立一个帝国，并命名为"清"。正如我们在第五章所见，这位领导人为强调他的意图，立即进行持续不断的军事征战，同时进行大规模的公共工程建设，这些所承载的象征意义极为明显，当时受过教育的人会立即辨别出这是帝王雄心的公开宣示物。只是在 1644 年，八年之后，满人才进入北京，将之定作他们的都城并发动征服战争。换言之，清帝国的缔造先于入关征服将近十年，并基本上是独立于后者进行的。这一时间差明白地显示，中国尽管对于帝国的雄心至关重要，但并不是他们

---

⑨ 对于近期出版史书的概述，见我的《新清史》，载《激进历史评论》第 88 卷（2004 年），第 193～206 页；米华健、邓如萍、欧立德等编：《新清帝国史：内陆亚洲帝国在承德的形成》（伦敦：劳特利奇/柯曾出版社，2004 年），第 91～106 页；路康乐：《满与汉：清末民初的族群关系与政治权力（1861—1928）》（西雅图：华盛顿大学出版社，2000 年）。

唯一的关注点。⑩

对清朝的习惯性贬损，在很大程度上也源于 20 世纪初深受民族主义激励的中国史学的影响，而民族主义不仅反对步步蚕食的欧洲人和其他有着帝国主义思想的外国人，也同样强烈反对满洲人的统治。而历史修正论与此间思想上和政治上的权威认识有所不同，因此它成为非常敏感的问题。⑪ 首先，事实已证明，要摆脱清代中国就是外来帝国主义的主要受害者这样一种概括，是很困难的。帝国主义者的行径，一向是中国正统历史叙事的主要敌人，以至于要说中国——甚至是非汉人的清朝——的统治者自身曾经实施的统治技巧与后来施加于中国的那些没有什么不同，这在中国学术界是根本不能接受的，即便是一般意义上的意识形态控制松弛业已开始扩展到对历史的解释。其次，许多人发现难以放弃以下认识（就像受害者的叙述长久以来如此，已获得了无懈可击的地位一样）：中华文明是文化海绵，会吸纳所有进入它影响范围之人。如果情况总是如此，那么我们理所当然地认为，满洲人和其他到来者一样，经历了完全的汉化，在此种情况下，他们的汉化是他们作为中国统治者取得成功的首要原因。但是，新清史令人信服地证明了情况恰恰相反，换

---

⑩　见塞缪尔·格鲁普：《清初满洲皇帝的崇拜：盛京供奉大黑天神寺庙的文本与研究》（印第安纳大学博士论文，1980 年）；柯娇燕：《透镜：清帝国意识形态的历史与认同》。

⑪　见乔迅：《石涛：清初中国的绘画与现代性》（剑桥：剑桥大学出版社，2001 年），第 xviii 页。另一脉络之下，讨论 20 世纪上半叶五四民族主义史学的曲解，见高彦颐：《闺塾师：明末清初江南的才女文化》（斯坦福：斯坦福大学出版社，1994 年）。西方出版物中第一次对于满洲帝国主义（Manchu imperialism）命名，出现在《国际历史评论》的一期专辑（第 20 卷第 2 期，1998 年 6 月），是专门讨论这一主题的。

句话说，正是清朝的不同之处才是它的成功所在。⑫

已从不同的角度对这种不同之处进行了探讨。除了我自己的军事文化方面的著作外（可见后面汇集的文章），这些研究都特别包括了互有关联的问题：民族与性别，公共与私人领域的关系，帝国、开拓和"殖民"技巧，文化多元主义，宗教和仪式，物质文化。现在，我们来简单回顾一下这一研究中最具影响力的作品，首先是对清朝民族建构的新认识。

民族是柯娇燕、欧立德这两位学者的著作特别关注的中心问题，柯娇燕认为脱离帝国文化的具体情境而使用民族概念是不合适的。在她看来，早期满族与其说是一个民族，不如说是系列部落。只是到了后来当帝国的意识形态觉得需要（重新）来建构民族身份以保持满族的与众不同，并应对"汉军"（满人的汉人支持者）这一复杂的问题：这些人从一开始就是征服者精英的一部分，但可以说，在民族身份上最终还是被降低了。而欧立德认为，清朝时民族身份是系于制度的。八旗制度是征服前就存在的军事管理组织，成为满族最明显的与众不同的标志，他特别关注八旗制度，认为这种想象的或是真实的"满洲之道"，也就是旧有的尚武和俭朴习惯，对于将旗人置于一起使之成为有凝聚力和有效率的民族——尽管文化上的差异不断增大——作用很大。尽管如欧立德所指出的，保持"满洲之道"的努力最终失败了，但他的著作认为，到了那时它的文化表达

8

---

⑫ 何炳棣：《清代在中国历史上的重要性》，载《亚洲研究杂志》第 26 卷第 2 期（1967 年），第 189～195 页。罗友枝的主席演讲《再观清代：论清代在中国历史上的意义》，载《亚洲研究杂志》第 55 卷 4 期（1996 年），第 829～850 页；何炳棣：《捍卫汉化：驳罗友枝之〈再观清代〉》，载《亚洲研究杂志》第 57 卷第 1 期（1998 年），第 123～155 页。

深深地融入了汉人的世界。⑬

　　在军事文化的语境中，清朝的民族问题以种种灵活形式展开。清朝统治者一贯提倡尚武精神，试图将这样的特性变成满族身份——无论是真实的还是想象的——的标志，毫无疑问，他们都希望以此来区分满人和汉人，但并没有简单地把满人与军政事务、汉人与民政事务等同起来。虽然敏锐地意识到了民族问题，但他们也清楚地认识到，把伟大的军事力量统统归于满人，乃一厢情愿，而不是全部立足于现实。在某种程度上，这是或多或少有意识的权宜之计，目的是巩固和增强帝国实力。因此，把对军事价值的关注描述为试图实现向"更为满洲人"生活方式的转变，虽然很吸引人，但并不准确。尚武，通常被认为是满人的独有特征，而不是民族身份，它对帝国文化事业来说必不可少。尽管清朝统治者不想鼓励他们的汉族臣民变得好战，起来反对他们，但他们希望汉人与满人一样，会接受军事价值的根本可取之处，而清朝统治者在军事价值的基础上寻求将新的清文化置于中心地位。

　　性别同民族一道，构成了帝国建构的主要类别。曼素恩的论证，建立在高彦颐关于 17 世纪研究的著作之上，内容翔实，令人信服。她认为，清朝对上层女性生活有着影响，同时女性也影响着清朝。曼素恩特别指出，上层女性的写作使她们进入属于男人世界的文的领域，"在当时的中国文化中，女性的家庭地位在精英公共话语中得

　　⑬　见柯娇燕：《透镜：清帝国意识形态的历史与认同》，尤其是第 27 页，第 108 页及以后；也见柯娇燕：《对于近代早期中国民族的思考》，载《帝制晚期中国》第 11 卷第 1 期（1990 年），第 1～35 页；欧立德：《满洲之道：清朝的八旗与民族认同》（斯坦福：斯坦福大学出版社，2001 年）。柯娇燕与欧立德著作的比较，见盖博坚：《谁是满洲人》，载《亚洲研究杂志》第 61 卷第 2 期（2002 年），第 151～164 页。

到了士人领袖的认可并表述了出来。……他们承认公众男性对封闭女人的依赖，指出她们的言说也属于'公'……中国女性的历史记录——无论她们在其中的地位，还是所载录的她们的意识——都显示出普遍意识到了家庭生活和公共政治之间的亲密关系"。因此，至少对这一少数人群来说，她们居住的内部、家庭空间，构成了连续统一体的一端，而另一端是她们男人的"外部"的政治生活。

　　女性在清朝对帝国边缘的土著少数民族的教化使命中，扮演着引人注目的角色，这一角色特别生动地展现了她们的能力，为清帝国宏图大业的公共领域做出了贡献，尽管她们过着不与尘世纷争的生活。这些女性，如督抚等清朝官员的妻妾，经常陪同丈夫去远方赴任，她们充当了这些边远地区的淑仪典范。而同时相应的是，这些边远地区的"其他"少数民族妇女的地位和行为往往被视为清朝是否彻底"殖民"的指示器。因此，当从事编纂帝国各地女性诗集的精英女性，发现了来自遥远西南省份云南的一位女性习作非常出色，可以纳入她们所编集子时，欣喜若狂。这一成就可以衡量帝国宏图大业的一个方面，妇女也可以参与其中。⑭

　　性别对帝国很重要，反之亦然，而且对两性关系的理解与构成私人和公共生活领域的认识相互交织在一起。这一作用是双向的，因为尽管女性的私人领域有时会进入公共生活，但清朝统治者日益

----

　　⑭　曼素恩：《缀珍录：18世纪及其前后的中国妇女》（斯坦福：斯坦福大学出版社，1997年），第215～216、223页。中国在不同时期作为"教化使命"倡导者，见郝瑞：《绪论》，收入郝瑞编：《中国民族边疆的文化碰撞》（西雅图：华盛顿大学出版社，1995年），第3～36页。在西方向中国传播福音和教化努力中的女传教士的先锋作用，与其他处一样，见孔达珍：《优雅的福音：20世纪初的在华美国女传教士》（纽黑文：耶鲁大学出版社，1984年）。

难以区分个人的和公共的行动，不可避免地将潜在的异己分子吸收进他们的意识形态轨道。

这一轨道在性别上区别鲜明，这从下面的解释中可以看出。首先，满族男性与女性，在某些有着重要意义的对待身体的做法上得以区别对待。举例来说，汉人和满人的男性都必须保留满人的发式，剃光前额并留有长长的辫子作为臣服的标志。而满族女性被强烈地告诫，不要如同大多数汉人妇女那样缠足（至少在清初曾发布上谕，产生了缠足是汉族女性文化上的标志这样的效果）。[15] 其次，区别对待汉族和满族妇女的贞洁问题。对于汉人寡妇，国家十分鼓励守节，甚至到了鼓励她们自杀的地步，经常竖立牌坊以表彰最有德行者，这会给她们亡夫的家庭和乡里带来荣耀。然而，至迟18世纪中叶，对于满族女性，非常不鼓励这种做法，至少是因为她们有可能引起人们对征服前带有野蛮气息的做法的关注。[16] 最后，征服之后的"殖民"行动通常都是使臣服民众"女性化"。这一驱动由乾隆皇帝"香妃"这一异域传奇故事生动体现了出来：香妃来自新疆，她是在1760年平定新疆之后进入乾隆后宫。她拒绝屈从于皇帝，并在太后（担心皇帝的安全，因为香妃用匕首防身）的坚持下最终自杀，这在许多汉人和满人眼中，明确无误地代表了新疆的顽固不化和异域情调。这种例子阐释了清朝统治者是有着自己独特方式的坚定的"东

---

[15] 曼素恩：《缀珍录：18世纪及其前后的中国妇女》，第56页，引用了高彦颐的作品《以身体为装饰：17世纪中国的缠足及反缠足的界限》，载《妇女史研究》第8卷第4期（1997年），第8~20页。

[16] 欧立德：《满洲之道：清朝的八旗与民族认同》，第253页；欧立德：《满人寡妇与清代的族性》，载《社会与历史比较研究》第41卷第1期（1999年），第33~71页。

方主义者"，这与他们同时代的一些帝国没有什么不同。⑰

性别分析第一眼就会让人觉得与文武之间有着关联，也就是说， *10*
如果将武（清朝所认定的满人性格的规定性特点）明确肯定为男性
气质，这是与他们的汉臣民所谓的阴柔文学方式不同。清朝皇帝的
这种态度，显而易见，是在劝诫满人，不要因采用汉人的方式就变
得柔弱，也劝诫他们的汉族臣民，要像所谓更雄武的满人那样变得
坚强，而不论这个形象是多么理想化。这样的视角，从植根于西方
经验的理论视角来说容易理解，帝国主义国家据此往往将它们的殖
民地予以"女性化"进而贬低。然而在中国传统理论中，武也就是
军事原则，对应的是黑暗、女性、潜在暴力的一面，而文，文明，
对应的是光明、阳刚的一面，换句话说，正好是武的对立面。文学
研究者雷金庆指出：

> 文与武是一个连续统一体，其中，阳刚之气与阶层相互关
> 联，这在传统时代从未被质疑过。文气多的人属于高等阶层，
> 即便武气再少，也总比没有阳刚之气要好。要成为真正大权在
> 握之人，文与武，都必不可少。就性别而言，没有文或武的人，
> 也就是女性，就没有政治权力（直到 20 世纪）。⑱

---

⑰ 见米华健：《乾隆宫廷的维吾尔穆斯林：香妃的意义》，载《亚洲研究杂志》
第 53 卷 2 期（1994 年），第 427～458 页。关于清朝的"殖民"统治，见河罗娜：《清
朝的殖民事业：近代早期中国的民族志和制图学》（芝加哥：芝加哥大学出版社，
2001 年）。讨论后来的"其他的"、非西方的东方主义，例子见史蒂芬·田中：《日本
的东方主义：将过去写入历史》（伯克利：加利福尼亚大学出版社，1993 年）；乌萨
马·马基迪西：《奥斯曼的东方主义》，载《美国历史评论》第 107 卷第 3 期（2002
年），第 768～796 页。
⑱ 雷金庆：《男性特质论：中国的社会与性别》（剑桥：剑桥大学出版社，
2002 年）。

鉴于种种相当模糊的情况，尽管这种相关性毋庸置疑，但将性别理论完美地运用于文与武，还是很困难的，因此本书也没有进行探讨。我们现在来探讨另一种关系，即清帝国不同民族之间的关系。

新疆的居民被算作组成广阔帝国的几大民族之一。"清朝差别"（Qing difference）的一个重要方面是这些不同民族之间关系的格局。罗友枝、米华健等学者的研究现在已经使问题变得相当清楚：人们不再不假思索地接受"中华文明"所带来的等级和同中心性等旧观念了，依此说法，在中国轨道上的国家和人民越远离帝国的中心，就会发现自己越不文明。这样的理解与中国文化不一定完全吸收满族及其文化的认识是一致的。这些学者的研究表明，尤其是在乾隆（1736—1795）年间，"五种语言或是民族集团（满、汉、蒙、藏、回）的等级并不森严，更像是相互平行的关系"。⑲ 这种对异质性的赞成，完全有别于认为最终不可避免的同质化，这标志着清朝统治又一个与众不同的特点。这也印证了近来的新提法：清朝统治者对外关系的态度，有别于中国朝贡理论所推崇的等级模式，因为帝国内部的各种关系一般来说是对外关系的缩影。

清朝的文化多元主义有许多不同的表现形式，包括文本上的和视觉上的，其中一个就是面对不同的情况使用不同的语言。清朝的主要语言是汉语和满语；掌握两种语言的读和说，对于追求政治权力之人来说是必需的技能，而对于涉及我们现在称为国家安全的通

---

⑲　米华健：《嘉峪关外：1759—1864年清朝中亚地区的经济、民族和国家》，第201页。爱新觉罗氏核心地位的另一表现，也见狄宇宙：《清代宫廷中的满族萨满仪式》，收入约瑟夫·麦克德莫特编：《中国的政治与礼仪》（剑桥：剑桥大学出版社，1998年），第351～396页。

信来说，满文（在汉文中称为"清文"），是首选。⑳ 如我们将在下一章中看到的，纪念帝国胜利和荣耀的纪念碑差不多都用四种文字镌刻，通常是满文、汉文、蒙古文、藏文，某些情况下，第四种或是维吾尔文，这是新疆一些居民的语言，或是"回文"，是生活在更西但仍处于清朝政治控制下的穆斯林所使用的。文字不一定完全相同，每一种都是为其读者量身定做的。

这一多语言性构成了清朝大一统主张的一部分。这是试图获得多重遗产权威的一种变异表现，而另一种是皇帝有着许多不同装扮的视觉形象，特别是乾隆皇帝，让人画成的肖像画，包括学者、战士、猎人、统治者、行礼者、鉴赏家、孝子、先祖，以及位于藏式唐卡中心位置的菩萨或保护神。

皇帝与藏传佛教的关系极其重要。这种关系起源于 13 世纪的忽必烈，他是元代中国的第一位蒙古皇帝，也是伟大的成吉思汗之孙。忽必烈没有通过武力将西藏纳入帝国，而是与西藏一位大喇嘛建立了联系，承认西藏的宗教自治，同时保持对它的政治控制。满族皇帝寻求统治蒙古人，部分是通过占有大蒙古皇帝的遗产，这意味着忽必烈的先例对于他们作为内亚传统统治者的合法性来说，至关重要。他们必须战胜相竞争的蒙古人和准噶尔人，控制这一地区藏传佛教信众的身体与灵魂。清政府要努力维持与西藏的良好关系，避免让政治上有着无穷领袖魅力的达赖喇嘛落入帝国竞争者手中。可以说，18 世纪中叶清朝吸纳了蒙古人，消灭了准噶尔人，这不仅使平定蒙古和新疆成为可

12

---

⑳ 白彬菊：《君主与大臣：清中期的军机处（1723—1820）》，第 130 页；柯娇燕、罗友枝：《清史满语概述》，载《哈佛亚洲学刊》第 53 卷第 1 期（1993 年），第 63～88 页，具体见第 85 页。

能，也再次证明了其拥有赞助藏传佛教的绝对权利。正是在这种模式中，统治者大规模地赞助佛教艺术的创作和佛教建筑的修建，以提升自己作为佛教神祇和统治者的形象，这是一种权宜之计，如同他们所采用的许多其他权宜之计一样，自诩有着令人尊敬的先例。㉑ 然而，尽管存在着广泛的帝国赞助，清朝从来没有把帝国利益和藏传佛教利益完全等同起来，继续以非常谨慎的态度对待这一宗教，这在第三章中会看到。

清朝皇帝并不是中国统治者在忽必烈之后最早援引"喇嘛—施主"这种关系之人，至少之前明朝有一个皇帝就已如此，但清朝皇帝将之提到了新的精妙高度。他们对仪式的使用也是如此，对军礼的讨论见第四章。仪式提供了另一个结合内亚以及中国传统的领域，这样就能够同时吸引两个地区的民众，换言之，这模糊了中国内地定居的农耕世界与之外游牧世界的界限，这在过去是有着一条严格分界线的。一些新清史学者最近对清朝礼仪的许多不同类别相当关注，包括与内亚王公有关的宾礼、朝觐等礼仪，大祀以及季节性仪式。这些研究阐明了礼仪在清朝统治中极具重要意义，也表明礼仪表演是展示清帝国实力进而是陶冶观看者以及参与者的有效手段。㉒

㉑ 见戴维·法夸尔：《清代国家治理中作为菩萨化身的帝王》，载《哈佛亚洲学刊》第 38 卷（1978 年），第 5～34 页；白瑞霞：《虚静帝国：清代中国的佛教艺术和政治权威》（火奴鲁鲁：夏威夷大学出版社，2003 年）。

㉒ 见司徒安：《身体与笔：18 世纪中国作为文本/表演的大祀》；罗友枝：《清代宫廷社会史》（伯克利：加利福尼亚大学出版社，1998 年）；何伟亚：《怀柔远人：马戛尔尼使华的中英礼仪冲突》；贾宁：《清初理藩院与内亚礼仪（1644—1795）》，载《帝制晚期中国》第 14 卷第 1 期（1993 年），第 60～92 页，她指出了定居社会与游牧社会的界限是移动的、模糊的（第 69 页）；侯锦郎、毕梅雪：《木兰图与乾隆秋季大猎之研究》（台北："故宫博物院"，1982 年）；狄宇宙：《清代宫廷中的满族萨满仪式》；本书第四章。较少聚焦于皇帝和皇帝崇拜礼仪的讨论，见周启荣：《中华帝制晚期儒家礼教主义的兴起：民族、经典和谱系话语》（斯坦福：斯坦福大学出版社，1997 年）；柯启玄：《帝制晚期中国的服表：孝道与国家》（剑桥：剑桥大学出版社，1999 年）；华琛、罗友枝：《帝制晚期与近代中国的葬礼》（伯克利：加利福尼亚大学出版社，1988 年）。

不仅表演，而且更一般意义上的视觉文化，都是清帝国宏图大业的一种极重要的实现工具。有着多重身份的皇帝画像是其中的一个方面，另一种是利用自然的、有目的性的人造景观作为一种权力媒介。承德避暑山庄是此种做法的重要例证。正如傅雷所指出的，它是清朝"大业"不可分割的一部分。承德避暑山庄地处北京北面，正好位于内地、蒙古和满洲的交界处，由康熙皇帝和乾隆皇帝在 1703 年至 1760 年修建。它仿建了帝国最著名的建筑和景观，当然有着细微的变化，用以表达清朝的绝对权力。以这样的方式，承德不仅表达了清朝的主权，而且还利用所仿建原型为自己增添一些往往是神圣的内涵。傅雷等学者都认为清朝在许多方面看来，是一个早期现代国家。傅雷还认为承德用隐喻性的景 *13* 观来支持文化统治——出现在宫廷绘画中的承德的许多表现形式都证实了这一方法——在许多方面与欧洲早期现代的绘画做法惊人地相似。㉓

清朝的一些做法类似于早期现代的欧洲，河罗娜对于清朝其他方面的研究支持了这种看法：她对新底定边疆与所征服土地在地图(顺便说一句，有些是由为清廷服务的耶稣会士所绘) 上的表达，以及编纂描绘被征服者的详尽民族文本与画册进行了分析。河罗娜认为这些做法与欧洲的相似，其发生的地点比不上其发生的时间重要；在她看来，"同时代性"可以等于"可比性"。由下面的解释可以知道，河罗娜所讨论的表现形式，是本书所探讨的文化军事化的组成

㉓ 壮观场面，见傅雷：《规划承德：清帝国的景观事业》，第 24 页；承德景观 *116* 及其隐喻，见上书，第 121～122 页。也见钱德拉·慕克吉：《领土野心和凡尔赛花园》(剑桥：剑桥大学出版社，1997 年)。清朝属于早期现代，见乔迅：《石涛：清初中国的绘画与现代性》。

部分。㉔

相同的做法在濮德培对于清朝新疆之役的记述中也有呈现，新清史的许多主要学术发现也都注意到这些做法。濮德培解释了清朝皇帝相当成功地寻求掌控史学编纂，这与下面数页所讲到的帝国宣传与"营销"的一些主题极相称。简言之，战争与随之而来的对于战争的宣传相结合，共同构成了清帝国宏图大业的支柱。㉕

三、文化的军事化

本书的中心论点是，煞费苦心的文化转变在巩固清帝国的过程中与军事征服同等重要。清帝国宏图大业主要有两种发展途径，一是通过军事手段进行开拓，二是通过将一种全新的因素引入广阔的文化领域以实现征服，清朝统治者极敏锐、极高明，可并不试图完全取代旧有"美学"，尽管有着可能性。这场运动中的文化部分的根本目的，是通过创立一个共同基础来团结帝国的不同人群以强化帝国，这一基础建立在对帝国成就的忠诚与自豪之上，所有的人都能够参与到这一成就之中。

帝国的文化事业以多种形式发挥作用，其中一些更明显经过了

㉔ 制图，尤其见河罗娜：《清朝的殖民事业：近代早期中国的民族志和制图学》；濮德培：《边界、地图和运动：近代早期中央欧亚的中国、俄国和蒙古帝国》，载《国际历史评论》第 20 卷 2 期（1998 年），第 263～286 页。民族志，见河罗娜：《清朝的殖民事业：近代早期中国的民族志和制图学》；柯娇燕：《透镜：清帝国意识形态的历史与认同》，第 332 页及以后。类似的关于现代性的看法，见柯律格：《明代的图像与视觉性》，第 10 页。

㉕ 濮德培：《中国西征：清朝对中央欧亚的征服》。

深思熟虑。18 世纪帝国史无前例的开拓显然与军事征服紧密关联，征服显然又是清朝军队实力的结果。战争、开拓、军事实力成为这个时代，同时也是在差不多一个半世纪时间擘画帝国宏图大业的伟大三皇帝的规定性特征。这些皇帝地位非凡，个性张扬，他们的目标、关切、偏好都影响甚巨。换言之，皇帝周边的人群中，战争、尚武精神、帝国荣耀是最突出的话题。当然，不是所有进入这些高高在上的圈子的人都是如此，但任何政治权力的追逐者（这样的抱负是深深地植根于精英文化之中）发现它们的吸引力之大几乎不可抗拒。这就是文化——军事文化——成为帝国"军火库"中的利器的大背景。

　　文化的军事化形式多样。第一个是战争以及与战争不可分割的军事实力，成为切实的文化类别。这也许是一切转变中最为根本的。第二个涉及政府文化和风格所发生的广泛变化，政府的运作越来越像有些人的军事行动，这些人在战争中暴得大名，与那些通过了考察文学经典的竞争性考试而被选拔之人在政府中长期占据优势地位形成了鲜明的对比。同时，世袭的军事管理制度——八旗制度的引入，深刻地改变了这一时期帝国的社会结构，因为它有效地设定了一种精英地位的替代性资格。这两种转变都影响甚巨，都是更看重军事，因此也影响了在其间追逐政治权力和提升社会地位的环境。

　　第三，对于什么算是军事的定义发生了变化，归为这一类别的所有东西，都被提升到了一个新的重要高度。可以说用自己的工作为帝国服务的艺术家和作家——为军事胜利提供图解或是帮助编纂战争史——被认为是整个帝国宏图大业中的"步兵"，他们的重要性与战场上的步兵不相上下。同样地，皇帝也明确寻求突出某些事件的重要意义，通过视它们为军事胜利或军事胜利的结果，例如备受赞誉、发生在 1771—1772 年被称为"土尔扈特"或"卡尔梅克"的民族的"回归"。这种和平的迁移，被赞誉为好像他们的"回归"或是军事胜利的结果，或本身就是一场战争，而事实上并没有发生争夺土尔扈特人的战争，这些人离开俄国而寻求清帝国的保护，主要是两害相权取其轻。㉖

这些以及帝国其他的胜利，是以建造新的寺庙和宫殿作为标志，且都记录在镌刻于石碑上的帝国宣言中，这些纪念碑竖立在都城和帝国其他地方，收录在由皇帝赞助编纂的有着文字和图像的大量书籍中。以这些形式突显帝国及其军事实力，构成了文化军事化的最后一个重要特色，包括无所不在地将军事主题和帝国的指代物注入绘画、装饰艺术、建筑、景观、宗教、仪式生活、史书编纂，以及更一般意义上的官方和私人著述。

不只是在帝国赞助的各种生产与制作中强调的重点开始发生了改变。例如，随着 18 世纪中期对新疆的征服，这一地区成为受惩处官员的主要流放地，一些知名学者被送到这里服役一段时间。这些人中有几位的做法与当时流行的考证原则相一致，即提倡首先要收集事实信息，只要获得准许，就在这一地区游历，利用这一机会记录了地形、居民、植物和动物、风俗、历史遗迹，以及可以改进的地方，给家里的朋友和同事灌输知识，希望在回到家乡后，因为自己熟悉这一异域而能引起他们的关注。这些著作大多并不专注于军

㉖　土尔扈特的回归，见米华健：《清朝内亚帝国与土尔扈特回归》，收入米华健、邓如萍、欧立德等编：《新清帝国史：内陆亚洲帝国在承德的形成》，第 91～106 页；白瑞霞：《虚静帝国：清代中国的佛教艺术和政治权威》，第 14～22 页。

事或帝国事务，但新疆已经成为一个新的和有些声望的研究题目，仅这一事实就足以说明了这是条重要的途径：帝国的开拓在文学作品中找到了自己的出路。因为这一事实本身就告诉我们，这样的写作意味着，人们已经吸收了这样的想法，即新疆作为清朝的新的重要组成部分是军事实力所带来的结果。它们也表明了清朝的普世主义（universalism）使得公共人物（比如这些被流放的学者）日益难以区分开他们的公共与私人角色。㉗

后面的几章讨论了上面提到的清朝文化运动各种相互联系的表现形式。它们是分主题而不是按时间顺序来组织的，由从多角度对清代军事文化进行阐释的系列文章组成，可以视作针对一个核心主题的变奏，以数个不同的调式或音调顺序演奏。

第二章探讨标志着乾隆皇帝"十全武功"诸战役结束的多层次的纪念，主要集中在纪念碑及其碑文，它们记录的事件以及收录这些碑文的绘画和书籍。这些纪念形式自有风貌，它们本身就成为所庆祝事件不可分割的一部分。第三章集中于一场特别的战争，即1771—1776 年的第二次金川之役，是在川西与西藏的边界开战，有着双重目的：平定这一以少数民族桀骜不驯而闻名的地区，以及建立清政府对这一地区宗教活动和僧侣的控制。它特别要设法解决 18 *16* 世纪的宗教、战争和帝国建设之间的相互关系，整个的背景，一是国家通常在宗教间不会有特别的偏爱，二是从历史上看一些最成功的起义都源于教派。

㉗　这些作品包括吴劳丽：《征服新疆的汉文文献》，载《近代中国》第 25 卷第 4 期（1999 年），第 451～474 页；卫周安：《清朝中期的流放：发配新疆（1758—1820）》。

第四章详细讨论了第二章中曾经简要讨论过的一个问题，也就是军礼。描述并分析了一些清朝军礼的表演与传播，皇帝在其中扮演的关键角色，以及从和平时期的阅兵到重大战争胜利的庆祝活动。军礼，根据文本规定和描述进行表演，非常契合文化军事化，因为它是文武互动的理想场所，所以也为致力于帝国宏图大业的中国与内亚传统的无缝融合提供了完美机会。

第五章主要论述在帝国文化事业进程中，意识形态空间和物质空间的转变。它特别讨论了政治文化的变化（如上文指出的，军事成功开始发挥比此前更加突出的作用），以及自然景观、人造景观的形式和意义的转变。

中国历史研究者经常不无讽刺地评述说，推翻清朝的民族主义者，接下来创建了一个现代国家，而这个国家所拥有的广阔疆域很大程度上与他们所痛斥的帝国的相仿佛。他们没有很好地认识到，伴随着帝国开疆拓土的文化转变方式，是留给20世纪及以后时期的一笔不太能触知的遗产。这笔遗产正是清朝留给其20世纪共和国继承者们的疆域的一部分，与民族主义者所想象的停滞、墨守成规的"过去的中国"（Chinese Past）——认为它不适应现代世界而加以拒斥——截然不同。它将构成中国日益演进中的现代性的重要组成部分，与外来帝国主义通常被认为应对此种转变负首要（甚或是唯一）的责任是一样的。最后一章是简单的结论，指出了18世纪清帝国与20世纪共和制中国的一些长期关系。

在清朝统治者及其谋臣心中，在他们的文化运动开始之时，他们正努力实现的东西不一定就有着全面或成熟的图景。他们不断地尝试思考帝国权力以及创造一种适宜的文化环境来支持它，常常是

临时决策，因为不一定天遂人愿。他们一边努力，一边不断地重新
表述和重新设计，并经常回溯性地赋予过去事件以新的意义，以至
使人产生一种可能从未真正存在过的连贯且深思熟虑、精心筹划的
感觉。㉘ 例如，乾隆皇帝统治后期的目标之一是确认他的"十全武
功"，就是如此的情形，这在下一章会看到。毫无疑问，这一"事
业"需要相当的机缘并能抓住机遇，深思熟虑，成功谋划。认识到
了这些，下面大致依年代划分的线索，看看其中文化的军事化，当
然清朝皇帝本人可能不会明白他们所做如此有连续性，划分得如此
清楚。

四、清帝国宏图大业的阶段划分

　　知道了结果再回望历史，可以将清帝国宏图大业的积极实施分
为三个不断上升的阶段。第一阶段从 1636 年开始，这一年满洲人第
一次宣布成立他们的清帝国，到 1681 年为止，这一年他们彻底平定
了历时八年的三藩之乱。第二阶段从 1681 年到 1760 年，清军消灭
了准噶尔，并将新疆这一中亚广袤的地区纳入他们的帝国。在第二阶
段的最后十年，是帝国从开拓到巩固的过渡期。这一转变的开始可以
从 1749 年算起，不论怎样，只要回顾历史就可以看到，乾隆皇帝从
这时起，比之前更为系统地推进了国家直接参与的文化生活领域的军
事化。第三阶段是 1760 年至 1799 年乾隆皇帝去世。在这之后，镇压

㉘　这让人想到与此背景完全不同却极为类似事业的一个例子，见钱德拉·慕克
吉：《领土野心和凡尔赛花园》。

内部起义的斗争不断升级，经济急剧滑坡，以及 1815 年拿破仑战争结束后恢复元气的西方帝国主义更为所欲为的侵略，几种力量汇集，结束了盛清时期非凡的帝国活力，尽管帝国本身又持续了一个世纪。

第一阶段：1636—1681 年

1636 年标志着清朝帝国宏图大业第一阶段的开始，从军事开拓和文化加强看都是如此，尽管后来被誉为王朝奠基者的努尔哈赤（1559—1626）已去世了十年。这时清朝没有进入北京，要统治内地还是十年以后的事情。但是，1636 年努尔哈赤的儿子皇太极创建了新的清朝，公开发动了将内地纳入清帝国的战争。在这第一阶段，建立实质性、扩张性的清帝国只能是一厢情愿；对于军事成就的大力强调，既是不断征服这一事实合乎逻辑的结果，也是将文化、帝国和尚武联系在一起的自觉做法的一部分。

18 　　早在帝国建立之初，皇帝就一再重申武对于帝国成功至关重要，尤其是因为上面提到过的金朝与明朝先例。因此，在帝国创建伊始，皇太极就表达了成为他帝国后继者的"咒语"："恐后世子孙忘之，废骑射而效汉人。"这一宣言，很久之后由乾隆皇帝下令刻石，凡在八旗军事训练的地方，都可以看到；这为随后的许多事情定下了基调。㉙

　　清初的统治者也早已清楚认识到了控制西藏及其拥有的象征意义的重要性，这一点在下面两件事中表露无遗：清朝在入关前的都

㉙　见欧立德：《满洲之道：清朝的八旗与民族认同》，第 9、276 页，引《旧满洲档》，第 10 册，第 5295 页（崇德元年十一月十三日）。这种将"尚武精神"置于他们臣民关注聚点的想法，部分可以看作是毛泽东永久革命认识的滥觞，就是在革命胜利之后，永远保持革命精神不变。

城沈阳所修建的寺庙等都包含对于藏传佛教来说重要的神祇塑像；入关后第一位统治者顺治皇帝（1644—1661 年在位）邀请达赖喇嘛。1652 年达赖来到中原，满族统治者与西藏人建立了良好的关系，当然这经过了非常复杂的外交努力，就皇帝与达赖的各自地位问题达成了令人满意的协议。

将旗人这一新的世袭精英凌驾于汉人之上，是清帝国宏图大业第一阶段最重要的标志行为之一。八旗是征服前就有的军事管理组织，分为八个独立的部分，满人、蒙古人和汉军每个都分为八旗，汉军原是北方的汉人，在明朝覆亡之前就加入了满人的事业。可以说它划定了新的准民族的区别，创造了一个新的精英阶层，与汉人精英平行且有别，后者要取得高高在上的社会地位，靠的是他们的深厚学养和文学成就，而不是作战勇敢。

八旗的独特性也表现在建有驻防地，进而改变了所在城市景观，驻防地通常坐落在现有城市中心，驱逐汉人居民为他们腾出地方。这些带围墙的空间称为"满城"，专供八旗军队及家人使用。时移世易，这些满城日益融入所在城市的日常生活，它们确实成为"景观的一部分"；这些"满城"每天都提醒人们清朝最初的作为占领征服者的地位，说到它们就是在说军事组织，这样它们就有效地使日常的有形环境军事化了。⑳ 可以说，到了第一阶段结束时，尚武精神在认识上和视觉上都已开始渗进了更广阔的文化舞台，尽管当时还没有形成任何改造文化的计划。

---

⑳ 见乔迅：《清初江宁的明朝宫殿与皇陵：王朝记忆与历史的开放性》，载《帝制晚期中国》第 20 卷第 1 期（1999 年），第 12 页；高贝贝：《长城之外：中国边疆的城市形态及其转变》（斯坦福：斯坦福大学出版社，1996 年），第 174～175 页。

19   第二阶段：1681—1760 年

在清帝国宏图大业的第二阶段，帝国的开拓战争成为清朝统治的一个规定性特色。清朝 1681 年最终战胜了三藩，而此前能否将它们平定还是未知数。两年后，清朝收复了台湾，这是最后一个抗清基地，接下来将注意力转向了西北。在这一地区，从 17 世纪 80 年代至 1760 年，经过了三位皇帝的统治，清朝进行了一系列的战争，先是对俄罗斯，然后是在新疆，准噶尔人在此的帝国野心威胁到了清朝。同一时期，战略联盟加上武装干预，确保清朝先后统治了蒙古与西藏。最后清朝平定了新疆并彻底消灭了准噶尔人。这一成就标志着清帝国开拓阶段的结束。

在这一时期，皇帝们经常重复皇太极的经典言论：要求维持满洲人身份以及满洲人所体现出的所谓的尚武美德，以及更一般意义上的武备；康熙皇帝和乾隆皇帝引用经典军事著作《司马法》的说法，明确指出这是维持帝国和平的最有效手段，表明"不可一日懈弛"[31]。乾隆皇帝在乾隆元年就扼要地重申了他祖父康熙皇帝常挂在嘴边的话：

> 自古制治经邦之道，揆文必兼奋武，诚以兵可百年不用，不可一日不备也。国家承平既久，武备营伍最宜加意整顿。[32]

---

[31]《清朝通志》（上海：商务印书馆，1936 年），第 7013 页，康熙二十四年（1685 年），在平定三藩、收复台湾之后不久所说的话。simultaneities（合璧、共时性）的概念是由柯娇燕在《透镜：清帝国意识形态的历史与认同》中提出的。

[32]《大清高宗纯皇帝实录》，乾隆元年五月丙申（1736 年 6 月 11 日），转引自张勉治：《马背上的朝廷：中国满族王朝统治的建构（1751—1784）》（加州大学圣迭戈分校博士论文，2001 年）。

这种情感的表达，应该起到了重铸文化运动起源的作用，这场文化运动只是在后来才表现出前后一贯。

在这一阶段，在政治生活、社会构成、礼仪活动以及公共场合等方面，都有着一系列的发展，所有这些都为军事开拓提供了文化上的支持。其中最壮观的就包括了每年都举行的皇帝狩猎的做法即木兰秋狝，它既是军事演习，也是和平时期清军实力的全面展示。从这一时期开始，政府的结构和文化也发生了重要变化，表现是，因成功服务于军事（在战场或在衙署）从而更多地掌握政治权力，以及随之而来的政府风格的军事化，第四章和第五章讨论所有这些发展变化。 *20*

过渡阶段：1749—1760 年

18 世纪 50 年代是清帝国宏图大业从第二阶段向第三阶段的过渡期，是从开拓阶段向巩固阶段的过渡期，十年间，对新疆的行动日益明朗，最终将有结果，同时也开始显现乾隆皇帝全面追求军事文化。18 世纪 40 年代第一次金川之役，是在四川西部与西藏交界的山区作战，事实证明比清朝预想的要艰难，在乾隆皇帝亲自讯问并将两位将军撤职、迅速处决之后，才取得了胜利。乾隆皇帝感到事关帝国的颜面，战争一结束，就首次发起了一系列纪念战争的立碑和史书编纂活动。后来，他回溯历史，将金川之役列为"十全武功"即十次重大军事战争胜利之首；关于"十全武功"下一章会讨论。同年还设立了方略馆，以钦定史书的形式记录和叙述所有清朝战争，也就是编纂史书，并建立新的规定，将各种军礼的表演制度化。换言之，1749 年似乎标志着重要时刻的到来：崇信军事力量，以及一场从文化上支持它的协调一致的行动首次公开化。

18世纪50年代，好战已成为清朝统治的一个规定性特征，皇帝开始更加重视文化的军事化，比如建造了许多纪念性寺庙，竖立了许多纪念碑，将军礼制度化，以及传播无数关于军事成功的文本，包括新征服地区地图上的文字。乾隆皇帝致力于积累并纪念军事胜利，这可以看作是他著名的收藏癖的变种，特别表明了清朝统治者倾向于笼络臣民中常有的文化实践。在这一例子中，军事胜利成为他热衷的对象。此种背景下，就值得回味乾隆皇帝有名的格言，这是在给英国特使马戛尔尼的敕谕中所说的："（朕）无所不有。"这一声明通常被认为是露骨的傲慢和优越感的表现，但最好不要把它理解为一种态度的描述，而是作为一种规定性主张，它体现了对整个帝国控制的真切渴望，简单地说，就是无远弗届。㉝

21 18世纪40年代晚期之后，文化运动各条战线不断升级，部分是因为顺势而为，部分是因为乾隆皇帝醉心于战争、帝国、历史。乾隆皇帝经常遭受现代人的贬斥，说他徒有其表。但实际情况是他的性格、他的愿望、他的意志对于帝国的概念化和实现而言，都至关重要。虽然他不是军事化文化事业的最初发起人，但最终是他将它们变成现实的中心角色。

乾隆皇帝甚至远比他的前辈更加关切历史——过去和未来——的书写。他一方面精心打造过去的一切，捕捉并塑造古代汉人和蒙古人的先例，以及时代更近的他祖父康熙皇帝和高祖皇太极这样先人的先例，为己所用；另一方面，将帝国每一方面都打造得与过去大不相同。

与乾隆皇帝历史意识密切相关的第二个因素是：支持藏传佛教。

㉝ 乾隆皇帝圆明园中的西洋楼也表达了这种对于普遍"占有"的追求。

这种支持涉及个人信仰以及他视藏传佛教的普世统治（universal rulership）传统为帝国开拓不可或缺的工具。㉞ 然而，作为中国的统治者，乾隆皇帝同时主张要继承中国古代周朝统治者的王道，其合法性主要取决于他们的德行。在一个统治者身上体现多种传统，清朝皇帝的这种目标已经有人研究。随着帝国的开拓，达到这一目标越发紧迫，因此看到乾隆皇帝对这些事情的关注比他的前任们更多、更系统，也就不足为奇了。

第三阶段：1760—1799 年

乾隆皇帝宣扬军事价值，庆祝战争，这在 18 世纪 50 年代的过渡阶段被推到了新高度，而在帝国宏图大业的第三阶段全面开花结果。回顾历史，可以看到，他将军事胜利认作他统治时期的最主要成就之一，这对于上述进程来说至关重要。这在整个第三阶段都没有明确表达，即便乾隆皇帝在他生命的最后时期的 1792 年回顾自己的成就时才把它表述成一个连贯的计划。这一年，他自称"十全老人"，以强调他在战争上成功的重大意义。"十全武功"都是在帝国的边疆地区进行的，包括新疆的三次征服战争，两次在川藏边界作战以镇压叛逆的金川少数民族，两次抗击尼泊尔廓尔喀人的战争，以及在缅甸、越南、台湾的战争。此名单中的十次战争绝不是他长期统治内的所有战争。㉟ 这一时期有时被称为"中国的和平时期" *22*（Pax Sinica），更准确地说，应该称为"满人的和平时期"（Pax

㉞ 白瑞霞：《虚静帝国：清代中国的佛教艺术和政治权威》。

㉟ 乾隆皇帝：《十全记》，收入彭元瑞编：《高宗御制诗文十全集》（熊恢考释本，台北：合记士林书局，1962—1963 年），第 671 页。

Manjurica），其间不仅战争几乎持续不断，而且在艺术和文学领域，在纪念碑和公共建筑、仪式庆典和奖励中，处处都有着对战争的纪念，以至于在 18 世纪最后阶段，对这个时代的军事成就的赞扬，在文化产品中司空见惯。

这些颂扬，或直接地或间接地吸引了广泛的受众。例如，景德镇御窑烧造的瓷器越来越多地展示军事图案，反映出对军事价值的提倡，表明了这些理想在帝国的汉人和其他臣民中的推广。㊱

文化的军事化在多大程度上影响着普通人，这与对精英阶层的影响有着什么不同？显然，百姓不太可能看到或欣赏到与战争和帝国有关的艺术品和文本，至少不会同受过教育的精英一样。除了宫廷服务人员（还可能有他们的家人）外，普通人不会进入宫廷或其他公共建筑，而这些恰是帝国宏图大业的中心。但毫无疑问，许多人参与了诸如纪念碑建造的体力劳动、纺织品的生产和保养、马匹等的照料、武器的生产和维护、为军队生产祭祀食品和给养等等。百姓也可能会看到和听闻人数众多、精心安排且有时是嘈杂的队伍前往公共的仪式地点，比如军队送行、班师回朝、庆祝胜利等。再者，大军前赴战场以及每年木兰秋狝、皇帝巡幸时都有大量的军人参与，这些几乎不可能不被他们所行经地方的普通大众注意到，后者的食物供应经常由于军事采买而被严重消耗掉。尽管我们无法确定皇帝孜孜不倦地所提倡的尚武是如何改变了广大民众对帝国实力及其文化表现的认识，但是，乾隆时期对于军事主义的强调在在明显，当我们讨论如何能更好地理解 19 世纪地方社会的军事化等现象

　　㊱　见乔迅：《清初视觉文化与物质文化的历时性考察》，收入司徒琳编：《世界时间中的清朝形成》（马萨诸塞州剑桥：哈佛大学出版社，2004 年），第 319 页。

时，是应该考虑这一因素的。

　　在口口相传散布很快的社会，这种对军事的强调无处不在，人们不可能视而不见，充耳不闻，其他前现代国家都是如此。尽管这场文化运动的直接受众可能局限于帝国传播中心的精英，相对人数不多，但是，它可能的受众如同它可能的影响一样，范围是会很广的。

第二章

纪念性战争

　　1792 年，乾隆皇帝（1736—1795 年在位）回顾了自己的长久统治，盛赞了累累战果，将其列为自己最重要的功绩之一。为了强调这些军事胜利的重要，乾隆皇帝开始自称"十全老人"，这源于他大胆昭告自己远迈汉（公元前 206 年—公元 220 年）、唐（618—907）的向西开拓的一篇文章。这样的说法，与下文讨论的纪念活动一起，都是为了说明频繁的远途作战所带来的巨大消耗是值得的，也将这些战争抬高到了毋庸置疑的显赫地位，当然其中有些战役远逊色于其他的一些；同时也使得满人建立的清朝（1636—1912）与中国历史上的两大汉族政权——汉朝与唐朝并列，乾隆皇帝本人也得以与历史上的杰出帝王相比肩。

　　乾隆皇帝的"十全武功"包括：1755—1759 年平定新疆（准噶尔、伊犁、回部）之役，两次平定川藏边界的少数民族叛乱——1747—1749 年与 1771—1776 年的金川之役，缅甸之役（1766—1770），安南之役（1788—1789），台湾之役（1787—1788），两次廓尔喀（尼泊尔）之役（1790—1792）。乾隆朝，清军三度平定反叛的穆斯林，第一次是 1765 年的新疆乌什，后两次是 1781 年和 1784 年的甘肃。1774 年又平定了山东的王伦千禧年叛乱，18 世纪 90 年代镇压了桀骜不驯的云南和湖南的苗人。但是，乾隆皇帝认为平定此类内部叛乱不值得纳入"十全武功"。可以说，18 世纪几乎是在连续不断的军事活动中度过，但这些战事基本上发生在中国内地一定的地区或是帝国重要的边缘地区。①

　　这些战争结束时，都有一系列、多层次的纪念活动，多由最高权威即乾隆皇帝本人直接提出。众所周知，乾隆皇帝是位多产的作家、诗人，据称他全部的诗文作品数以万计，其中约一千五百篇（首）诗文是专门关于他统治之下的这些重大战役的。这些诗文的绝大多数，都是乾隆皇帝用不易辨认的书法所写，无论是否真的出自他本人，都给他带来了非凡的声望，栩栩如生地描绘了战争场景，并且异常清楚地表明，不管真实情况如何，这是战争被记住的一种方式。② 更有进者，乾隆皇帝还时常评论说，他意在自己创作的纪念性文字能够"垂世久远"③。这些纪念性文字刻在巨大的纪念碑上，竖立在北京或其他地方，或者与绘画融为一体，像书法卷轴一

24

---

　　① 乾隆皇帝 1792 年的文章，回顾总结了"十全武功"，名为《十全记》，收入彭元瑞编：《高宗御制诗文十全集》（熊恢考释本，台北：合记士林书局，1962—1963 年），第 671 页。关于这些军事胜利，参看陆正明：《乾隆帝"十全武功"初探》，收入南京军区司令部编研室、《史学月刊》编辑部编：《中国军事史论文集》（开封：河南大学出版社，1989 年），第 239～258 页；庄吉发：《清高宗十全武功研究》（台北："故宫博物院"，1982 年）。

　　② 权力拥有者的书法的意义，见理查德·克劳斯：《毛笔中的权力：现代政治与中国书法艺术》（伯克利：加利福尼亚大学出版社，1991 年）。

　　③ 《上谕档》（北京），乾隆四十一年八月二十日（1776 年 10 月 2 日），第 293 页。

样悬挂，装饰着皇宫的殿堂楼阁，或者抄入当时皇帝所发起的许多大规模书籍编纂项目。这种大量"复制"的全方位努力，有着令人震惊的现代色彩。各级文武官员以及到访的显贵都要参加庆功典礼，也成为展示帝国实力必不可少的内容。宫廷画师以细致入微的笔触描绘这些活动，创建纪实绘画的流派，突出的代表是一系列战图和几组不同战役中的功臣像。这些绘画作品与从叛军手里缴获的武器、私人物品等战利品陈列在位于北京城中心的紫光阁和武成殿。许多其他类型的画作也存放于皇宫中，供皇帝与朝臣日常赏玩。成千上万的战图铜版画装饰了公共建筑，并由皇帝慷慨赠予有权享有的个人。简而言之，在18世纪的中国，对战争的官方纪念成为一项重大的社会、文化与政治事业，它得到了赞助，且通常是在皇帝本人的亲自监督之下。

这一章论述乾隆年间官方纪念战争的不同方式，主要集中在石碑及其碑文、军礼、绘画，所有这些都紧密交织在一起；考察的是这些纪念碑和文字的制作、传播，以及它们的目的——不论是明确表达的还是没有表达的——多大程度上实现了。本章要考察康无为一些年前所指出的一种令人好奇的现象，即在中国（其他地方、其他时期也是同样），各种各样的纪念物及其衍生品自有不听命于人的意志的生命力；"仪式所庆祝的与正式记载的这些成就自身就成为胜利，从而超越了单纯的事件与实际存在"④。之所以关注乾隆朝，是因为乾隆皇帝对于战争及其纪念有着特别的兴趣。乾隆皇帝近乎痴

25

---

④ 康无为：《帝王品味：乾隆朝的宏伟气象与奇国异珍》，见周汝式、布歌迪编：《高雅笔墨：乾隆时期的中国绘画》（亚利桑那州菲尼克斯：菲尼克斯艺术博物馆，1985年），第288~302页，具体见293页，引用了麦科马克《古代晚期的艺术与典礼》（伯克利：加利福尼亚大学出版社，1981年）第271页内容。

迷于战争及战利品，并对它们加以利用，例如，他对指挥战争有着浓厚的个人兴趣。乾隆皇帝下令，无论何时收到军情急报都要把自己叫醒，他常常在焦急地等待前线消息中度过一个个不眠之夜。与此相似，所有记述和表现他的战争的文字和图像资料，在向任何公共受众传播之前，他都要仔细审阅。例如，深受乾隆皇帝优待的文人沈德潜写过一首《平西域诗》，以庆贺新疆之役的结束，1760 年乾隆皇帝评论了这首诗，抱怨其中几处特别不准确，一一指出了所有他希望修改的地方。⑤ 又有一次，乾隆皇帝明确下令给四川总督文绶、提督明亮，让他们选定竖立纪念碑的具体地点，上报石碑的大小尺寸，以便他题词。可以说，乾隆皇帝极其关注战争纪念物制作的每一个细节。⑥

与皇帝的战争激情紧密联系的，是他全身心地支持甚至是再造满人的固有文化，这在很大程度上是为了与众所周知的强大的汉文化相抗衡。尚武被认为是满人身份的一项规定性特征，而战争为这一身份的不断再现与表达提供了环境。清朝的军事胜利和对战争的纪念，成为这一文化事业的绝对中心。因此，在 18 世纪中叶，战争纪念物与战图的制作显著增强，我们可以将这一强化活动的时间定在 18 世纪 50 年代，此时清军在由乾隆皇帝的祖父康熙皇帝（1662—1722 年在位）所开启的一系列长期的军事活动中取得了最后的胜利。18 世纪 50 年代末，清军完全统一新疆，这一伟大的胜

---

⑤ 《上谕档》，乾隆二十五年三月初五日（1760 年 4 月 20 日），第 149 页。另一个例子，是在十六年以后，《上谕档》，乾隆四十一年十二月（缺日），第 506 页。也见杨新：《从北京故宫博物院的收藏看清朝雍正乾隆时期的宫廷绘画》，收入周汝式、布歌迪编：《高雅笔墨：乾隆时期的中国绘画》，第 343～357 页，具体见第 356～357 页。

⑥ 《上谕档》，乾隆四十一年八月二十日（1776 年 10 月 2 日），第 293 页。

利极大地拓展了帝国的疆域，永久地消除了游牧民族对中国的中亚边境的威胁，同时也实现了乾隆皇帝仿效（孝敬并超过）康熙皇帝的愿望。而这恰又是满人受汉人的影响已太过明显以至于无法漠视的时期。

如下文所述，赞颂征服，意在实现几个目的，其中最直接的是，展示清朝的实力，从而重新增强满洲人作为中国统治者的合法性，这一问题在 18 世纪中叶清朝全盛时仍极为敏感，即便是他们的统治已经开始超越了中国内地。⑦ 这种敏感大部分与两种不同的现象有关。第一，清朝的君主们面对着棘手的模棱两可问题。最终，他们倚仗军事力量奠定了他们统治中国的基础，即使他们文治成就斐然——乾隆皇帝的大量诗作就很好表明了这一趋势，可以标榜自己是完完全全的儒者，但儒家的权威主要源于他们身为统治者道德高尚，学识渊博，心系苍生。⑧ 第二，这种敏感间接地涉及满族文化中真正缺乏任何可以与他们的汉族臣民相媲美的艺术和文学传统；汉族臣民对其他文化的态度，与东方主义者权力关系有类似之处，而在西方文化中，这种东方主义者权力关系的识别与爱德华·赛义德最密切相关。⑨

---

⑦ 清朝平定新疆的战争，见濮德培：《中国西征：清朝对中央欧亚的征服》（马萨诸塞州剑桥：哈佛大学出版社，2005 年）；战争的后果，见卫周安：《清朝中期的流放：发配新疆（1758—1820）》（纽黑文：耶鲁大学出版社，1991 年）；米华健：《嘉峪关外：1759—1864 年清朝中亚地区的经济、民族和国家》（斯坦福：斯坦福大学出版社，1998 年）。

⑧ 见卫周安：《18 世纪晚期中国与西方的技术》，载《美国历史评论》第 98 卷第 5 期（1993 年），第 1525~1544 页，具体见第 1527 页。

⑨ 爱德华·萨义德：《东方主义》（纽约：万神殿出版社，1978 年）。非西方背景的两种东方主义观点，见史蒂芬·田中：《日本的东方主义：将过去写入历史》（伯克利：加利福尼亚大学出版社，1993 年）；乌萨马·马基迪西：《奥斯曼的东方主义》，载《美国历史评论》第 107 卷第 3 期（2002 年），第 768~796 页。也见河罗娜：《清朝的殖民事业：近代早期中国的民族志和制图学》。

因此，在一定程度上，对胜利的庆祝和对战争的纪念，生发出一种文化竞争感觉；皇帝的目标，是要证明尚武是高级文明的标志，而不只是贼匪的属性，故而，对战争颂扬理所应当地处于时代文化活动的中心。

然而，就所有这些颂扬而言，仍存在更为复杂的一面。乾隆皇帝毫无疑问希望掌控他的战争被记住的方式——精准地描述它们，从而左右着人们对历史的判断。毫无疑问，经过了一个世纪的同化后，乾隆皇帝希望抵御那些他所清晰意识到的严重威胁了满人身份的东西。然而，同时他也希望增强汉文化，认为汉文化极强调的文治对于他所统治的广袤而强大的帝国来说是不足用的。这实际上与历来所推崇的满人汉化是完全对立的：它试图将汉文化与乾隆皇帝寻求所代表的中亚汗国整合在一起，通过提倡武（军事）的方式而非文（文化或礼教）的方法来重铸它。如下所述，乾隆皇帝的终极目标，是将各臣民纳入清朝特有的"国家"意识形态总的保护伞下。⑩ 帝国开拓战争与文化转变都促成了这些目标的实现，而它们也彼此增强。

一、碑刻

乾隆年间，石刻的战争纪念物遍布全国，尤其是都城北京和承

---

⑩ 见柯娇燕：《〈满洲源流考〉与满人遗产的形成》，载《亚洲研究杂志》第 46 卷第 4 期（1987 年），第 761～790 页；柯娇燕：《中国皇权的多维性》，载《美国历史评论》第 97 卷第 5 期（1992 年），第 1468～1484 页；并见下面的论述。

德的周边，以及重要的战场或其他取得军事胜利的中心地区。这种立碑的做法，对于中国人而言，来源于其固有的传统；众所周知，中国人是纸张的发明者，在竖立石刻这一更为永久的保留文字记载的方式方面也是行家里手。这些石刻，长久以来被认为是一种艺术形式，至迟从帝国之初就开始了，于公于私，都是常见的纪念物。⑪

27

图1　傅恒宗祠碑（正面）

作者拍摄。

_____

⑪　秦始皇的石刻，见柯马丁：《秦始皇石刻：早期中国的文本与仪式》（康涅狄格州纽黑文：美国东方学会，2000年），他指出（第145页），纪念性碑刻后来从赞颂性铭文中发展出来并成为一种独立的体裁。

28

图2　傅恒宗祠碑（背面）

作者拍摄。

这些石刻文字的内容——在此我们不必说那些很常见的具有象征性　*29*
意义的——实在多种多样，不仅有称颂帝国实力及广袤国土的奠定，
也有记载贞节烈女身后的哀荣，重要公共建筑的兴建与修缮，派遣
船队，建立宗教，记录地方上所发生的事件，等等。一块12世纪著
名而精致的石刻，是当时的中国全图，带有比例尺，包括了主要河
流。18世纪所立战争纪念碑以绝对数量取胜——它们数以百计，遍

布整个帝国。以上这两个例子分别就表现范围以及分布范围来说，都应该是空前的。⑫

　　纪念碑通常体量巨大，制造它们会耗费大量的人力物力，它们通常由三块分立的矩形石块组成。碑身安放在第二部分即位于地面的基座之上，上面覆着第三块。这三部分，尤其是碑座和碑首，雕刻精美。就清代的战争纪念碑而言，不论碑文实际是由何人撰写，一般都认为碑文的作者是乾隆皇帝本人，在制作纪念碑时也有大量的工匠与专家参与，所有人都或多或少意识到自己所肩负任务的重要性：书法家，要以不同的字体来书写碑文与碑额，还包括要模仿皇帝的笔迹；刻工；为立碑选择吉日以及可能要选择确切位置的风水师；将石碑立起来的人夫，这项工作绝非易事。此外，还要有人负责协调所有以上各项工作。⑬

　　甚至在帝国战争纪念碑的制作和竖立过程中时常会发生种种问题，这也许不会令人奇怪。例如，1761 年，在新近设立的新疆治所伊犁担任都统、后来成为战争英雄的阿桂奏报，一些新竖立的纪念碑已经倾倒。这样的例子显然不止一例，不仅仅是由于碑座太小，难以支撑碑首与碑身，而且碑身并非一整块而是由几块石材拼接而成，现已裂开为数块。乾隆皇帝对发生这样不幸的事大为光火，下令即刻从内地直接挑选石匠和刻工，赶赴新疆修缮有问题的纪念碑；

　　⑫　见余定国：《制图反思：中国地图与欧洲地图的不同》，载《亚洲艺术》（1992 年），第 29～45 页，具体见第 30～31 页；图示，见李约瑟：《中国科学技术史》，第 3 卷《数学、天学和地学》（剑桥：剑桥大学出版社，1959 年），图 226（第 548 页对页）。这张地图绘制时间是 12 世纪早期。
　　⑬　韩森：《宋代碑刻史料》，载《宋元研究通讯》第 19 期（1987 年），第 17～25 页，具体见第 17 页。

又命陕甘总督杨应琚（这一地区最高的民政官员）马上详查是何人完成的这项工作，何人支付的钱款，又是何人负责监管，有多少人参与其中，都要一一查明。纪念碑倾塌的灾难，发生在清朝取得最辉煌军事胜利之后的一两年，这不仅仅揭露了清朝匠人技艺存在着问题，也表明了旨在颂扬清朝国力长存的纪念碑是多么短命，令人羞愧难当。另外，这事含有高度不受欢迎的一层意思，可以解读为衰败将要到来的不祥象征或是预兆。此等灾难事件很少公之于众。我们无法知道，这种情况是相当常见，还是人为的破坏，故意装作做工不精，抑或是碑文内容所要教化的那些人心怀不满，对纪念碑肆意亵渎。在制造和竖立纪念碑时的极大开销，很有可能会在不同社会层面引发反对的声音，但这也只是我们的推断而已。⑭

　　清朝战争纪念碑碑文通常辞藻华丽，冠冕堂皇。然而，尽管如此，这些碑文还是直接和间接地提供了有价值的信息。比如，碑文记叙了战争详情，总结了重要战争或一系列战争中的主要事件，还有与战争相关的比如新设的兵种等的记载。现存的一通早期纪念碑，竖立于后来成为乾隆皇帝"十全武功"之首的即 1747—1749 年第一次金川之役之后。同此类纪念碑常有的情形一样，它最早是竖立在为此而建造的寺庙——实胜寺，这座寺庙今已不存。然而，这通石碑还矗立在有些破旧的碑亭之中，碑亭在北京以西的香山，位于一座倾圮的碉楼与曾是皇帝进行军事检阅之地即团城演武厅之间，碉楼过去是用于训练健锐营。四面通透的碑亭为重檐，屋顶上覆黄琉璃瓦（黄琉璃瓦是皇家专用），下面由红色柱子支撑，分布于四角。

⑭ 《上谕档》，乾隆二十六年二月十三日（1761 年 3 月 19 日），第 103 页。

石碑的碑座、碑身、碑首这三部分总高度达 7.7 米，四面分别有满、蒙、汉、藏不同文字的碑文。见图 3。

实胜寺 1749 年的这一碑文，由乾隆皇帝创作并书写，证实了纪念性战争事关合法性，表达出皇帝的历史意识。这一碑文将这一最近的胜利置于历史长河，不仅说到了一个世纪以前朝代更迭时的清朝开国战争，而且还上溯至中国的古代。首先，碑文提醒人注意入关前满人第二位令人尊敬的领袖皇太极（1592—1643）所建的同名寺庙；皇太极修建的纪念碑，矗立在入关前清朝都城盛京（今沈阳），是为了纪念一次伐明之役的重大胜利。1749 年的碑文指出这场金川之役的胜利，叛乱者并非汉人，不能与击败人数众多的明朝军队的胜利相提并论——尤其是从清朝的合法性来看是这样，但将两通石碑联系起来是因为它们有着纪念的意图，"以备遗忘"。其次，碑文提到了附近用石头所建的一些碉楼，这是用来训练清军围攻之术的。1749 年的碑文提到了《汉书》，主要是为了展示皇帝的博学以及进一步将清朝与中国悠久的历史连成一系。在由下一王朝书写的前朝历史的系列史书中，《汉书》是第一部，而始于 17 世纪下半叶的《明史》纂修项目，是这一系列的殿军。[15]

不远处是又一通巨大的纪念碑，比实胜寺的要宽要矮，立于纪功亭内，纪功亭是征服新疆后修建的，坐落在团城演武厅。碑上刻有《实胜寺后记》一文，正面是分开书写的汉文和满文，背面是分开书写的蒙古文和藏文。碑文许多内容记述了健锐营所取得的令人

---

[15] 四面碑文的拓片保存在中国国家图书馆（北京），编号：京 6049；照片见《北京图书馆藏中国历代石刻拓本汇编》，第 70 册，第 98～101 页，也见第 96～97 页。碑文见于敏中等编：《钦定日下旧闻考》，1774 年，重印本（北京：北京古籍出版社，1983 年），卷 102，第 1690 页。皇太极的实胜寺，见第五章。

难以忘怀的功绩，这支军队是在 1749 年即第一次金川之役结束之后立即组建的。⑯

图 3　实胜寺碑亭

作者拍摄。

　　至今尚存的乾隆时期重要战争系列纪念碑，包括了数通巨大的石碑，碑上有御制文，宣示了每次重大战役的胜利。这些军事纪念碑竖立在北京国子监旁边孔庙大成殿侧翼的碑亭中，选择这一地点，意义非凡，因为大成殿立有圣人孔子的牌位，且孔庙与国子监建筑群是帝国教育的中心。孔庙在中国文化中占有中心地位。在孔庙庭院中还立有开列三年一次考中进士的人名的石碑，另有一些石碑，上面刻有儒家正统的十三部经典。换言之，在这样特殊的地点，竖立着书写有军事内容的纪念碑，就是要大胆地抹去传统的文与武之

32

――――――――――

　　⑯　《实胜寺后记》碑文拓片在中国国家图书馆（北京）可以见到，编号：京6041；照片见《北京图书馆藏中国历代石刻拓本汇编》，第 71 册，第 191 页；碑文见于敏中等编：《钦定日下旧闻考》，卷 102，第 1691～1692 页，这里也收录了《御制实胜寺八韵》，是关于第一次金川之役和新疆之役的诗，写于 1761 年之后。

间的区隔。在以下的章节会更清晰地看到，这种做法是帝国宏图大业文化内容的核心。

每一通战争纪念碑的碑文都用满汉两种文字书写，叙述了战争的过程与胜利。1749 年立了一通石碑，碑文记述了第一金川之役，名为《御制平定金川告成太学碑文》。之后 1758—1760 年所立碑文《御制平定准噶尔告成太学碑文》与《御制平定回部告成太学碑文》，是记述新疆之役的；1776 年的《御制平定两金川告成太学碑文》标志着第二次金川之役的胜利结束。

人们经常会使用一种久已有之的做法，就是在已经刻字石碑的背面再刻文字，这样减少了制碑、立碑的花费与麻烦。后来的碑文与原来的或有关系或没关系。例如，在清代新疆的新行政首府伊犁的一块纪念碑上，刻有《平定准噶尔勒铭伊犁碑》的碑文，就是刻在已有的《御制平定准噶尔告成太学碑》背面，两碑文描写了同一场战争的不同方面。再有，北京的钟楼有通石碑，是乾隆年间的，差不多两百年之后，在背面又刻了碑文。后来的碑文是民国时期的，内容与原碑文没有任何关系，这不足为怪。[17]

以上所提及的纪念碑都是在北京地区，但战争纪念碑并不局限于京畿，18 世纪时它们遍布全国。夏都承德建有一系列重要的纪念*33* 碑，展现了清帝国的认知水平，而承德是展现满人实力的极重要地

---

[17] 韩森：《宋代碑刻史料》。其中较早的新疆碑刻图片见《北京图书馆藏中国历代石刻拓本汇编》，第 71 册，第 119 页，这里误作《平定准噶尔后勒铭伊犁碑》。碑文见梁国治等纂：《钦定国子监志》（1781 年文渊阁《四库全书》影印本），卷 5，第 15a～17a 页；彭元瑞编：《高宗御制诗文十全集》，卷 5，第 40～41 页。钟楼碑的碑文，见《北京图书馆藏中国历代石刻拓本汇编》，第 70 册，第 9 页。

方。这组纪念碑包括了 1775 年普宁寺的石碑，上面刻有庆祝军事胜利的碑文，宣扬击败了帝国对手是得到了天命佑助。承德其他与战争有关的纪念碑，包括仿建竖立在新疆伊犁以纪念平准的纪念碑《平定准噶尔勒铭伊犁碑》（1755 年）、《平定准噶尔后勒铭伊犁碑》(1758 年)；还有 1767—1768 年的《普乐寺碑》，碑文记载了承德诸多寺庙及纪念碑的建筑情况。作为对记载的记载，这一记述完美展现了清朝对于战争纪念的多层次性质。承德所竖立的一系列清军胜利的纪念碑，是在这座夏都营建"帝国景观"这一事业的重要组成要素，这将在第五章予以讨论。⑱

　　承德所有关于战争的纪念碑碑文都用四种文字书写：满文、汉文、蒙古文、藏文，有时与位于国子监、有着同样名字的满汉合璧碑文不同，甚至是同一通纪念碑上同时雕刻的不同文字碑文，也不见得能够完全准确互译。清朝最主要的政策当然是要团结帝国内有着不同文化的不同人群，但每一种碑文更多的是对其他文字的"松散翻译"，旨在吸引它的特定受众。⑲

　　众多战争纪念碑中有一组纪念的是土尔扈特的归诚，这一部落在 18 世纪晚期从沙俄东归清帝国定居。乾隆皇帝将此事件抬升至军

---

　　⑱　见傅雷：《规划承德：清帝国的景观事业》（火奴鲁鲁：夏威夷大学出版社，2000 年）；也可参看安娜·萨耶：《热河寺庙及其西藏原型》；也见米华健、邓如萍、欧立德等编《新清帝国史：内陆亚洲帝国在承德的形成》收录的文章。乾隆时期在承德与旧都盛京（今沈阳）的宫廷修建和重建的比较，见铁玉钦、王佩环编：《盛京皇宫》（北京：紫禁城出版社，1987 年），第 302 页。

　　⑲　碑文拓片照片见《北京图书馆藏中国历代石刻拓本汇编》，第 71 册，第 61~64、67~71、119~122 页；第 72 册，第 175~178 页。碑文见彭元瑞编：《高宗御制诗文十全集》，卷 5，第 41~43、40~41 页；卷 11，第 127~129、117~121 页。"松散翻译"（loose renditions）的概念，见白瑞霞：《虚静帝国：清代中国的佛教艺术和政治权威》，第 34 页。

119

事胜利的地位，在承德和新疆首府伊犁的石碑用四种文字记录此事。乾隆皇帝在他 1792 年历数重大军事胜利的文章中提到了它。18 世纪编纂乾隆皇帝有关军事胜利著述的人员收录了这两篇碑文，这清楚反映了清朝官方认定这次迁移比得上一次军事胜利，尽管土尔扈特的回归并不是通过战争实现的。[20]

除了都城北京和承德之外，更多的纪念碑散布各省以及新平定的地区，一些屹立于重要战役的发生地。例如，1776 年，乾隆皇帝下令在四川的美诺、勒乌围、噶喇依立碑，这些地方都是金川叛乱者的据点，清军在此取得的每次胜利，都是对于他们来说异常艰难的第二次金川之役的转折点。一些省份的战争纪念碑同样坐落在偏远地区，这些地区虽非战场，但可能还是需要真正质地坚实的表明清朝权威的提醒物的存在。例如，1749 年，刻有关于第一次金川之役碑文《御制平定金川告成太学碑》的石碑，立于广西桂林，此地聚居着一些不安分的少数民族，此碑是位于桂林的若干仿建国子监纪念碑中的一通。[21] 新疆在平定之后，一些纪念碑坐落于重要却偏远的地区。比如戈登山，1755 年，清军冒险

---

[20]　这些石刻拓片照片见《北京图书馆藏中国历代石刻拓本汇编》，第 73 册，第 59～67 页；碑文见彭元瑞：《高宗御制诗文十全集》，卷 11，第 129～133 页。土尔扈特回归可见米华健：《清朝内亚帝国与土尔扈特回归》，收入米华健、邓如萍、欧立德等编：《新清帝国史：内陆亚洲帝国在承德的形成》（伦敦：劳特利奇/柯曾出版社，2004 年），第 91～106 页；白瑞霞：《虚静帝国：清代中国的佛教艺术和政治权威》，第 14～22 页。也见托马斯·德昆西：《鞑靼的反抗：卡尔梅克汗的迁徙》（波士顿：利奇-舍威尔-桑伯恩出版社，1896 年）。

[21]　这一石刻拓片照片见《北京图书馆藏中国历代石刻拓本汇编》，第 70 册，第 43 页。桂林纪念碑的碑文与国子监的完全相同，我未能检核两通纪念碑的原碑是否完全相同。其他位于桂林的仿建国子监战争纪念碑的石碑，见《北京图书馆藏中国历代石刻拓本汇编》，第 71 册，第 59、161 页。

夜袭准噶尔军队，一举将其打败。就在这次攻击的所在地，有一通纪念碑，意在挫败任何敌对势力的抬头，这一新近并入的边疆地区散布着许多这样的石碑。㉒ 同样地，第二次廓尔喀之役的多数战斗发生在西藏，战争结束后，乾隆皇帝命人将他的《十全记》用四种文字刻于纪念碑上，该碑矗立在西藏拉萨的布达拉山上。㉓

除了战役的纪念碑外，皇帝有时也会为参战的个人立碑。例如，1768 年在京西地区建庙纪念明瑞，他是攻打缅甸的清军统帅，他及部下因一系列形势误判而丧生疆场。碑文——这通石碑现已不见——也记载了清军撤退时，为抵挡追击的敌军而丧生的其他指挥官。㉔ 诸如此类的寺庙有的也纪念那些未参加战斗而同样为国捐躯的人。1751 年，乾隆皇帝敕建双忠祠来纪念傅清和拉布敦，二人在刺杀敌视清政权的西藏地方首领后丧命，拉布敦遭藏人杀害，傅清自杀，祠中的石刻碑文是一首带序的纪念诗，由乾隆皇帝创作，高级官员梁诗正书写。

㉒ 这一情节，见曾嘉宝：《乾隆朝第一批图绘功臣像中的八幅》，载《亚洲艺术》第 47 期（1992 年），第 69～88 页。碑文见彭元瑞编：《高宗御制诗文十全集》，卷 5，第 41 页；与新疆之役有关的一些碑文，见张照、梁诗正等编：《石渠宝笈续编》，1793 年，重印本（台北："故宫博物院"，1969—1971 年），第 6 册，第 3095～3104 页；彭元瑞编：《高宗御制诗文十全集》，卷 4～21。

㉓ 见陆正明：《乾隆帝"十全武功"初探》，第 240 页。据说，2001 年在拉萨布达拉宫下面广场上建了两个相邻的亭子以罩住这些石碑，但经核实这不是真的。

㉔ 明瑞的传记，见恒慕义编：《清代名人传略》（华盛顿：美国政府印刷局，1943 年），第 578～579 页；缅甸之役，见戴莹琮：《被掩饰的失败：清朝征缅之役》，载《现代亚洲研究》第 38 卷第 1 期（2004 年），第 145～188 页。石刻拓片存于中国国家图书馆（北京），编号：京 1767；照片见《北京图书馆藏中国历代石刻拓本汇编》，第 72 册，第 183 页；碑文见于敏中等编：《钦定日下见闻考》，卷 44，第 696 页。

乾隆皇帝认为亲书这一碑文不合适（其他场合也有类似的情况），这可能表明傅清和拉布敦不是死于真正的战争。㉕然而，修建祠堂以彰显个人，并不总是在人死之后。胜利之后健在的将领也会获此殊荣，例如1788年，台湾林爽文起义被镇压后，为许多将领修建了生祠。并不是所有的碑文都由御笔亲题，但石碑肯定是遵照皇帝的命令而建，因此也就造成了纪念碑数量的增多。㉖

35   如上所述，战争纪念碑的碑文经常以几种文字刻写，都会使用的是汉、满两种文字，因为这是国家的日常文字，许多纪念碑增加了蒙古文，还有藏文或维吾尔文，这要视主题或石碑所竖立的地点而定。两种语言的碑文，通常只是汉文和满文，但在四川，例如，第二次金川之役的重要发生地所立的石碑，刻的是汉文和藏文，旨在希望当地人们能阅读并从其中有所汲取。然而，事实上这样做，并没有考虑到能够读懂这样的碑文需要很高的文化水平，而绝大多数此类的纪念碑体量无比巨大，在现场无论如何是不可能看全整个

㉕   梁诗正还书写过乾隆皇帝创作的《平定金川寺庙碑》，见《北京图书馆藏中国历代石刻拓本汇编》，第70册，第43页；这是在1794年，这种纪念事业此时刚刚开始，远没有达到全盛。北京双忠祠的石刻拓片存于中国国家图书馆（北京），编号：京2536，显然只有汉文碑文；照片见《北京图书馆藏中国历代石刻拓本汇编》，第70册，第166页。碑文也见于敏中编：《钦定日下见闻考》，卷48，第759~760页。坐落于北京另一处的拉布敦的双语石刻拓片也藏于中国国家图书馆（北京），照片见120《北京图书馆藏中国历代石刻拓本汇编》，第70册，第151页。拉布敦与傅清的故事，见恒慕义编：《清代名人传略》，第249~250页。

㉖   例子可见《清史稿》中鄂辉的传记，1928年，重印本（北京：中华书局，1977年），卷328，第10902页，记述了建立供奉鄂辉和这场战役的其他将领的祠堂。鄂辉是功臣，参加了"十全武功"中的数次战役，他的肖像曾挂在享有军事盛名的紫光阁（见下文），现由美国私人收藏。

碑文的。㉗

就在北京城外，立有一通纪念碑，记录的是皇帝礼迎从新疆凯旋的将领，碑文由汉文、满文、蒙古文、回文写成，大概是认为这些新征服地区大部分都盛行伊斯兰教。㉘ 与此同理，坐落在回回营即今北京西长安街上的一通《回人礼拜寺碑》上刻有教化他们的汉、满、蒙古、维吾尔四种文字，其中维吾尔文是新疆的一种语言，应该是回回营所使用的。㉙

这种多语言的记述在中国绝非新生事物。一个众所周知的早期例子是，早在唐代就有刻了汉文与古叙利亚文的景教碑，751 年由景教也就是基督教的信徒立于长安，这标志着这一宗教在当时的中国已长期存在。㉚ 在乾隆时期，多语言的碑文变得更为普遍，它们多数与战争有关，例外的情况包括供职于清廷的耶稣会士的墓碑，

㉗ 在金川之役的战场美诺所立纪念碑的石刻拓片照片见《北京图书馆藏中国历代石刻拓本汇编》，编号：各地 7890，碑文书写日期是乾隆四十一年（1776 年）二月。拓片的状况很不好，中间部分漶漫，无法辨识，碑文当然也收录在彭元瑞编：《高宗御制诗文十全集》，卷 31，第 404～405 页，这里也收录了勒乌围、噶喇依（金川的其他战场）的石刻碑文。

㉘ 见《北京图书馆藏中国历代石刻拓本汇编》，第 71 册，第 167 页，维吾尔书面语源于回文，同时有一些变化。这一纪念碑的修建见下文以及第四章。

㉙ 回回营，见米华健：《乾隆宫廷的维吾尔穆斯林：香妃的意义》，载《亚洲研究杂志》第 53 卷第 2 期（1994 年 5 月），第 427～458 页，具体见第 428～429 页。石刻拓片照片见《北京图书馆藏中国历代石刻拓本汇编》，第 72 册，第 59～60 页。梵文刻写碑铭的例子可见《梵香寺碑》，位于北京西北香山的梵香寺中。石刻拓片照片见《北京图书馆藏中国历代石刻拓本汇编》，第 70 册，第 121 页。在清代，穆斯林不必然全都来自域外，见兹维·柏尼特：《穆罕默德之道：帝制晚期中国的回民文化史》（马萨诸塞州剑桥：哈佛大学出版社，2005 年）。

㉚ 阿·克·穆尔：《1550 年前中国的基督教史》（伦敦：基督教文化促进会，1930 年），第 27～52 页。

上面刻有汉文与拉丁文，碑文上方是凹雕的十字架。③

　　使用多种语言，一方面是清朝天下一统的标志，另一方面是征服者重申他的统治权的做法。然而，其目的还不止于此。在 18 世纪的清朝，使用多语言是宣称无所不在的疆域与精神主权。乾隆皇帝继承了来自蒙古、汉地、西藏的佛教观念，与他身为可汗、皇帝与菩萨三位一体的统治目标相契合，他将它们融为一体，独具清朝色彩。经过上千年演进的中国"世界秩序"观念，要宣称对于已知世界的无所不在的统治，而乾隆皇帝的目标更为宏大，相较于他之前的绝大多数皇帝来说，也更接近于实现。乾隆皇帝是中国少有的极为重视战争及其意识形态基础的皇帝。

36　　乾隆皇帝追求无所不在的统治，这尤其关乎他身为一些杰出前辈的继承者也是竞争者的自我定位。这些人中最近的一位是他的祖父康熙皇帝，他的文治武功就是明证。当然，出于孝道的考虑，既要真心去体验，也要小心翼翼去展现，这意味着乾隆皇帝不能公开宣布他胜过康熙皇帝。当然也是本着同样的精神，乾隆皇帝 1796 年传位于他的儿子嘉庆皇帝——因为他不希望自己的在位时间超过康熙皇帝——但他仍然实际上又统治国家三年之久，直到他驾崩。

　　有着时间上更早也更为强大的先行者，尤其是伟大的唐太宗，历来都被有学识的中国人认为体现了文治与武功的完美结合。乾隆皇帝明确并反复所寻求的，首先是效仿进而是超越唐太宗。另两位

---

③ 在欧洲，十字架是浮雕，并非凹雕。一些此类的碑刻现陈列在北京石刻艺术博物馆。一些拓片照片见《北京图书馆藏中国历代石刻拓本汇编》，第 72 册，第 146 页（郎世宁的墓碑）；第 73 册，第 140 页（蒋友仁的墓碑）；第 67 册，第 62 页（钱德明的墓碑）。以俄文和汉文所刻纪念碑的拓片照片见《北京图书馆藏中国历代石刻拓本汇编》，第 71 册，第 52 页；第 72 册，第 189 页。

是令人生畏的征服者成吉思汗（1162？—1227）和他的既是蒙古大汗也是中国皇帝的孙子忽必烈（1215—1294）。所有这些人都是军事强人，他们的功绩各有千秋，但都控制了中国和中亚的大片区域。在许多方面，乾隆皇帝的蒙古先驱治下的中华帝国，只是他们更大统治区域的一个组成部分，而不是向外辐射的帝国的核心，他们是乾隆皇帝最合适的效仿榜样，但是他们身为异族统治者的身份，意味着从汉人的，当然不是从内亚人的眼光看来，政治上并不如唐太宗更让人值得效仿，后者被认为是汉人，尽管有着混合血统。

唐太宗、成吉思汗、忽必烈这些具有吸引力的榜样，不仅仅只有军事征服的成就，也是时代的化身，同时也是转轮王的化身。这一佛教的"王道"不同于中国古代传说中统治者的王道，后者宣扬的是圣治，当然不是绝对不使用武力，主要有赖于他们的道德，正如柯娇燕所说：

> 围绕着转轮王的是时间、精神和化身。在世间，转法轮……代表了帝国的军事开拓、历史产生和时代终结。这一形象不同于（中国古代）周朝的"王道"，它具有明显的军事代表性，因为接纳了宗教普世性的人显然"战胜了世间的一切"。这是帝国象征的一种独特延伸，郎世宁（宫廷中的耶稣会士画家）绘制了带有陀罗尼标志头盔的乾隆帝肖像，而整个帝制中国的传统是极少将皇帝刻画成战士的。

37

乾隆皇帝巧妙地使"王道"的两种传统互为补充，这样做符合他追求成为多重角色统治者。同样，征服中国内地的满族征服者，征服准噶尔、蒙古、金川、廓尔喀、西藏等的清朝征服者，都意欲他们对于帝国战争纪念碑上各种文字的运用，应该代表了他们所主张的无

所不在的地理上的和象征性的统治。㉜

在乾隆皇帝之前，有位著名的先行者颁布谕令，有着大一统的抱负，表明了皇帝的进一步求诸佛教象征意义的动机：一统的象征意义。581 年，隋王朝缔造者隋文帝在开始一系列军事战争之前发布如下谕旨：

> 用轮王之兵，申至仁之意。百战百胜，为行十善。故以干
> 戈之器，已类香华。玄黄之野，久同净国。㉝

隋文帝及其唐初的继承者就是如此利用佛教信仰重新统一了经历数百年分裂的南北文化。同样地，乾隆皇帝十分准确地理解他治下帝国的文化多元，尽一切可能利用佛教以使帝国连为一体。为达此目的，他争取了盛行于中原以及蒙古、西藏的一种意识形态。这一取向，与常常被人所赞誉的清朝"分而治之"的政策大不相同：这是试图将各种传统都纳入乾隆皇帝治下的一个有条理的体系，从而统

㉜ 柯娇燕：《中国皇权的多维性》，第 1483 页。郎世宁所绘乾隆皇帝的画像是在大阅场合（见第四章），而不是在战斗中。暴力在早期中国所起作用，见陆威仪：《早期中国的合法暴力》（阿尔巴尼：纽约州立大学出版社，1990 年）；唐太宗，见魏侯玮：《唐政权的巩固者唐太宗（626～649）》，收入崔瑞德编：《剑桥中国隋唐史》（剑桥：剑桥大学出版社，1978 年），第 188～241 页，尤其第 239～241 页；忽必烈，见罗茂瑞：《忽必烈：生平与时代》（伯克利：加利福尼亚大学出版社，1998 年），尤其是第五章。乾隆皇帝与西藏人关系，见何伟亚：《喇嘛、皇帝和礼仪：清帝国礼仪的政治意义》，载《国际佛教研究协会学刊》第 16 卷第 2 期（1993 年），第 243～278 页；白瑞霞：《虚静帝国：清代中国的佛教艺术和政治权威》；伊丽莎白·贝纳德：《乾隆皇帝与藏传佛教》，收入米华健、邓如萍、欧立德等编：《新清帝国史：内陆亚洲帝国在承德的形成》，第 123～135 页。也见戴维·法夸尔：《清代国家治理中作为菩萨化身的帝王》，载《哈佛亚洲学刊》第 38 卷（1978 年），第 5～34 页。

㉝ 芮沃寿：《中国历史上的佛教》（斯坦福：斯坦福大学出版社，1959 年），第 62、67 页。（该史料原始出处为《历代三宝纪》卷 12，收入《大正藏》，第 49 册，第 107 页。——译者）

121

治他们所有人。多语言战争纪念碑的出现，是培养国家共同体意识的一种重要手段。

然而，立碑只是皇帝可资利用以追求这些雄心抱负的诸多方式中的一种。对于战争的纪念也包括对众人参与的集会等壮观场面的记录，它们常常是纪念碑或纪念绘画的表现主题，这些石碑与绘画构成了宫廷画院所创作的广义上的艺术形式的组成部分，多少有些像后世发布的官方照片。纪念的最后一层次是广泛的文献记录，在 *38* 18 世纪晚期由皇帝所发起的一些大部头汇编中收录了许多重要的关于战争的文献，而许多汇编除了这些战争文献外，与军事没有什么关系。㉞

二、纪念性礼仪

军礼，是清朝规定的五礼之一，有十八种礼仪形式，包括阅师、命将、受降、劳师、赐宴、献俘等等。㉟ 军礼成功彰显了清朝各个方面的实力，这些常常是壮观华丽的场面，因其发生的时间和空间的重要，本身就足以成为具有历史意义的事件。例如，18 世纪晚期

㉞　乾隆时期画院与画师，见杨伯达：《清乾隆朝画院沿革》，收入姜菲德、方闻编：《文字与图像：中国的诗歌、书法与绘画》（乔迅译，纽约：大都会艺术博物馆；普林斯顿：普林斯顿大学出版社，1991 年），第 333～356 页；杨新：《从北京故宫博物院的收藏看清朝雍正乾隆时期的宫廷绘画》，收入周汝式、布歌迪：《高雅笔墨：乾隆时期的中国绘画》，第 343～357 页；罗浩：《乾隆朝的宫廷绘画》，收入上书，第 303～317 页；佘城：《乾隆朝画院：台北故宫藏品研究》，收入上书，第 318～342 页。

㉟　《钦定大清会典》，1899 年，重印本（台北：新文林出版公司，1976 年），卷 26，第 8b～9a 页。

对于午门——皇帝在这里主持这些礼仪——的描述，明确指出，这一地点除了作为紫禁城的正门外，其功用主要是，利用依次举行献俘礼与受俘礼，也就是将战争俘虏呈给皇帝并将他们处决，从而尊崇军事胜利。㊱

献俘礼与受俘礼，作为庆祝胜利的一个方面，从古代起就有着类似的礼仪，在专家看来尤其是与唐太宗有关，是专门用以庆祝重大胜利。在清代，这样的使用场合，也只有康熙皇帝1697年击败噶尔丹，雍正皇帝1724年俘虏青海和硕特叛乱首领，乾隆皇帝1755—1756年和1760年在新疆取得胜利以及1776年平定金川。除了最后一次战役，其他的都是清朝三位伟大皇帝发动的经年累月的中亚战争。最后一次这样的典礼是在1828年平定新疆一次不甚重要的起义之后进行的，以此想要恢复往日的荣耀。㊲

皇帝下令绘制的细节毕现的画作，记录了乾隆朝的军礼与表演的复杂规则，让我们有了某种现场的恢宏壮观感。在1760年为纪念平定新疆而举办的庆祝活动中，最令人震撼的，是在各国观众面前进行的献俘礼与受俘礼。它们的重要意义就连上苍也特别重视似的，

㊱ 于敏中等编：《钦定日下旧闻考》，卷10，第142~145页。另一语境下帝国盛典的本质作用讨论，见伯纳德·科恩：《维多利亚时代印度的权威代表》，收入艾瑞克·霍布斯鲍姆、特伦斯·兰杰编：《传统的发明》（剑桥：剑桥大学出版社，1983年）。

㊲ 主要的记载见《钦定大清会典事例》，1899年，重印本（台北：新文丰出版公司，1976年），卷414，第10b~21a页；于敏中等编：《钦定日下见闻考》，卷10，第143~144页，该书引用了《钦定大清会典事例》并抄录了乾隆皇帝有关庆典的诗及诗注。这些庆典的举办，也见恒慕义编：《清代名人传略》，第68页，这里遗漏了正文讨论的徐扬绘画中1760年的献俘礼。据《钦定大清会典事例》（卷414，第12b页），受俘是献俘之后例行之事，但是实际中并不总是这样。这些礼仪在明代间或举行，见龙文彬：《明会要》（广州：广雅书院，无出版日期），第6b~8a页。

至少在 18 世纪已习惯从自然与人的关系来看待问题的清朝臣民的眼中是这样的：就在庆典前夜，风雨大作，雷电交加。这种礼仪场景不止一次有人描绘过，因为它构成了赞颂"十全武功"的重要组成部分。这是战图表现的一个主题——下面会有讨论，也是宫廷画师徐扬所绘制的一张独立画作的主题。在徐扬的这幅作品中，图画的 *39* 右手边，皇帝高坐于午门之上，注视着下面巨大庭院中列队的亲军。再往后是三排文武官员，高擎战败的反叛战俘的首级，向皇帝叩拜。在这样的庆典中，对每一位参与者的行动都有细致的规定：在指定的日期，指定的兵部官员带着囚犯从长安右门进入天安门，并用白色丝练拴着他们的脖颈。献俘礼完成之后，在军号鼓乐声中，兵部官员宣告战争胜利与捕获战俘，这些人接下来被正式移交刑部监狱。可以看出庆典包括了许多武官和文官，更不必说无数协助筹备庆典以及观看或是耳闻表演的人员。㊳

此外，有时对于参加活动的高级文武官员的安排，会有相当大的政治考量，他们会积极争取，以宠荣光：谁呈献战俘，谁的位置会最靠近皇帝，等等。乾隆皇帝准备庆祝他的军队 1776 年在第二次

㊳ 此种和其他的军礼，见第四章。见张照、梁诗正等编：《石渠宝笈续编》，第 2 册，第 788 页；也见聂崇正：《清朝宫廷铜版画〈乾隆平定准部回部战图〉》，载《故宫博物院院刊》1989 年第 4 期，第 55～64 页，具体见第 59 页。图版见罗友枝、杰西卡·罗森编：《清朝康雍乾三皇帝》（展品目录。伦敦：英国皇家艺术学院，伦敦，2005 年），第 181 页，图 55。这一典礼存在一些疑问：《石渠宝笈续编》认为这发生在乾隆二十五年（1760 年）正月；聂崇正通过讨论由一位耶稣会士画师所做的同名画作（是这一系列图中的一件），采信了这一观点。1760 年的说法可能是正确的，因为战争直到 1759 年才完全结束。另一方面，一位与皇室绘画藏品联系密切的同时代人胡敬，宣称徐扬的画始作于 1755 年，见胡敬：《国朝院画录》，收入《画史丛书》，1816 年，重印本（上海：人民美术出版社，1963 年），第 52 页。感谢聂崇正 *122* 为我提供了胡敬著作的复印件。

金川之役中取得了期盼已久的胜利，为此做了如下指示：

> 礼部所奏二十八日受俘仪注，将军等入于百官班内，在午
> 门前行礼。但将军等郊劳及凯宴两次俱有行礼之处，将军及
> 自军营回京之在御前乾清门行走者，俱著扈从登午门楼，不
> 必入班行礼。止须令福康安带领押俘将校等，在午门前
> 行礼。㊴

据此我们可以推断，即使典礼的目的是提高皇帝与王朝的声望，但
很显然，它顺便也给主要的参与人员提供了增光添彩的重要机会。
在 18 世纪中期军事化的背景下，这是无与伦比的好时机。

参加这些庆祝活动的人极其广泛，对于要展现清朝国力来说，
40 机会难得，同样也不容浪费。1793 年出版的皇家绘画藏品目录中，
有对徐扬所绘 1760 年献俘礼画作的描述，从中可以知道，不仅有大
量的文武官员参加这一活动，而且有令人惊叹的大量的外国朝贡到
访者，他们身扛各自的国旗，显然可以看出有法国人、英国人、荷
兰人、朝鲜人、日本人，以及东南亚、中亚国家的代表。无论如何，
这看起来令人惊奇。三十多年之后的马戛尔尼使团来华之时，英国
是否该向中国致敬还在争议之中呢，那么这个时候，英国国王乔治
的代表可能会向乾隆皇帝"进贡"吗？当时在中国的大多数英国人
都是商人，但是东印度公司这一时期的材料都不见了，因此还无法
求证。可以肯定的是，有一些法国传教士 1760 年在乾隆宫廷生活，
尽管他们努力声称与法国国王关系密切，但却没有资格作为国家的
代表向中国的皇帝"进贡"。绘画是真实地再现了所记录的事件，还

㊴ 《上谕档》，乾隆四十一年四月二十七日（1776 年 6 月 13 日），第 169 页。

是进行了"润色"？考虑到乾隆皇帝极为关切这一历史记录，完全有理由相信，他更敏锐地意识到国际发展，而不是为了追求记录的真实可信，应该会下令改绘这一图画记录以达到自己的目的。既然皇帝可以改变史书记载以使之再现所希望看到的情景，那么极有可能皇帝们已准备好了，对视觉记录添枝加叶，以进一步表现帝国的实力。在这一事例中，将假定的国际观众作为演员纳入帝国的演出，意味着他们赞同帝国无远弗届的目标，而皇帝则获得了观众对于庆典所表达的帝国实力的承认。⑩

另一个与战争相关的仪式，是皇帝正式欢迎从战争前线凯旋的将领。如同献俘礼与受俘礼一样，这是重大胜利的专属仪礼。清初的征服阶段举行过一些，但在乾隆朝，整套礼仪仅在统一新疆之后的 1760 年，以及取得金川之役胜利之后的 1776 年举行过。1760 年，一如从正式的记载和图像资料所看到的，皇帝骑马前往北京城外的良乡县，迎接在中亚长期作战回师的兆惠等人。这一场合盛大隆重。奏乐之后，皇帝登上特别建造的插有旗帜的祭坛，旗帜中至少有一些是从敌军中抢夺而来。皇帝和全身甲胄的高级将领，还有一些高级文官一起，行三跪九叩礼，感谢上天庇佑战争胜利。然后，

---

⑩ 见张照、梁诗正等编：《石渠宝笈续编》，第 2 册，第 788 页；也见马士：《东印度公司对华贸易编年史（1634—1835）》（牛津：克拉伦登出版社，1926 年），第 1 卷，第 295 页。有宫廷画师描绘了许多外国贡使出席帝国庆贺活动的情况，见佚名所作无日期的挂轴画《万国来朝图》，该图见罗友枝、杰西卡·罗森：《清朝康雍乾三皇帝》，第 180 页，画 54。英国殖民者代表与莫卧儿统治者之间的交换以及相关权威的解释，见伯纳德·科恩：《殖民主义及其知识形态》（普林斯顿：普林斯顿大学出版社，1996 年），尤其是第五章。麦科马克：《古代晚期的艺术与典礼》（伯克利、伦敦：加利福尼亚大学出版社，1981 年），第 9～12 页，让人想到可以与古代罗马典礼场合进行比较。

皇帝在搭建的明黄色帐篷里正式接见所有人员。④

三、战图、功臣像等纪念性绘画

41   宫廷画师应皇帝之命创作了大量纪念性绘画，包括钱维城的
《圣谟广运图》、徐扬的《西域舆图卷》（是关于新征服的新疆地区
的）、弘旿的《红旗三捷图》，Giuseppe Castiglione（他的中文名是
郎世宁）也创作了一些作品，比如著名的关于骏马的系列绘画，对
于有学识的清朝人来说，一眼就可看出是战马；还有合作完成的画
作：姚文瀚、周鲲、张为邦的《初定金川出师奏凯图》；描绘皇帝木
兰秋狝的长卷，还有更多其他画作。② 这一类中，尤其著名的是一
套十六幅的战图，由四位外国传教士画师——郎世宁、王致诚、艾

---

④ 这一规定性的典礼，见《钦定大清会典事例》，卷413，第14～20页；绘制
这一事件多幅画作中的一幅，文字描述见张照、梁诗正等编：《石渠宝笈续编》，第2
册，第810页；也见聂崇正：《清朝宫廷铜版画〈乾隆平定准部回部战图〉》，载《故
宫博物院院刊》1989年第4期，第59～60页。插图（铜版画）局部，见克里斯托
夫·穆勒-霍夫斯塔德、哈特穆特·瓦拉文斯：《巴黎—北京：乾隆皇帝的铜版画》，
收入亨德里克·巴德、克里斯托夫·穆勒-霍夫斯塔德、格里昂·西弗尼奇编：《欧
洲与中国皇帝》（法兰克福：岛屿出版社，1985年），第163～173页，图163。感谢
孟德卫（David Mungello）送我此文。郊迎礼在1749年第一次金川之役时也曾举行，
但是当时皇帝并未亲自骑马迎接傅恒。

② 见张照、梁诗正等编：《石渠宝笈续编》，第2册，第735页（《圣谟广运
图》）；第2册，第789页（《西域舆图卷》），这件作品也见胡敬《国朝院画录》卷
52，他注明此画是在西方传教士的测量基础上绘制的；第2册，第572～573页（《红
旗三捷图》）——描写了第二次金川之役的三大转折点；见上面注⑫之后的正文；第
4册，第1869～1870页（《初定金川出师奏凯图》）。最后一作品的图版，见纽约佳士
得拍卖行《五件中国绘画与书法作品》（1993年），第149～153页；也见第四章。

启蒙、安德义为乾隆皇帝而作。这套战图包括战斗、投降、殊死攻击以及胜利之后各种庆祝活动的场景。

乾隆皇帝下令创作这一系列绘画，是将这些置于历史悠久的中国传统纪念性或宣传性画作的序列，这种传统远没有风景画也就是自然主义画作有名，但也受人尊重，富有意义。据说乾隆皇帝受到了德国画家卢根达斯（Rugendas，1666—1742）所画欧洲战图的影响，他是从宫廷传教士那里知道的。[43] 乾隆皇帝也可能是通过这些传教士，认识到了欧洲巴黎凡尔赛宫以及西班牙埃斯科里亚尔宫、丽池公园等陈列有这种战图。埃斯科里亚尔宫展出的系列绘画，是由西班牙国王菲利普二世命人所作，他是 16 世纪的君主，与乾隆皇帝一样，拥有建立大帝国的抱负，渴望通过军事行动表明自己承应神圣的使命（当然乾隆皇帝应该认识不到这一点），这种相似表明了这些特性乃完美的互补。丽池公园的绘画是为菲利普四世而作，他希望沿用同样的传统。[44]

为了进一步传播清朝的武功，乾隆皇帝决定以铜版画的形式大量印制战图。这十六幅画是由法国东印度公司的轮船从中国运至巴黎，在那里制版印刷。在法国做铜版画有两个重要理由。第一，当时中国的画师已经忘了相关知识；第二，清朝的乾隆皇帝很可能听

---

[43] 胡敬：《国朝画院录·序》，第 2~3 页，用这些绘画将乾隆皇帝的成就与之前帝王特别是唐代的相比较，明确的暗示就是——这在当时是普遍认可的公式化的，尽管这些宫廷绘画有着先例，但已经超越了它们。关于中国早期艺术与战争之间的广泛联系的信息，我要感谢韩文彬（Robert E. Harrist, Jr）。这一"公式"的再次表述见第五章，尤其是注㉑。

[44] 见乔纳森·布朗：《埃斯科里亚尔战役大厅中的战争与光荣》，提交"历史上的暴力学术会议"论文，普林斯顿高等研究院（1995 年）。乔纳森·布朗、约翰·埃里奥特：《王的宫殿：丽池公园与菲利普四世的宫廷》（修订版，纽黑文：耶鲁大学出版社，2003 年），第 149~202、279 页。

说过法国国王的许多武功，他希望自己的军事实力能被那里的人知晓。数百套铜版画最终海运回中国，而这些画在中国复制得更多。42 这些画作装饰了遍布全国的公共建筑，也分发给应得的官员以示皇帝恩宠，例如感谢那些为伟大的帝国图书项目贡献自己藏书的人。㊺随后，中国画师与工匠绘制并制作了系列铜版画，他们可能向传教士学习或是重新学习这项技艺。无论以何种形式，所有的战图必定都是在目击者描述基础之上的想象，因为宫廷画师无法亲自观察所有这些远方的战斗。

后来的系列战图并不是都有十六幅之多，大概因为就是位列"十全武功"的也并不全都如此值得纪念。它们包括：1765 年在乌什镇压穆斯林起义，1776 年平定两金川，降越南（1788—1789），靖台湾（1787—1788），击败尼泊尔的廓尔喀人（1790—1792），18世纪 90 年代镇压了云南和湖南的苗民，最后是 19 世纪晚期与穆斯林激烈的战争。这些画作的原稿藏于北京故宫博物院，而铜版画则在世界许多地方都能找得到。㊻

悬挂着战图原作的是紫光阁，这是座古老的宫殿，原用于阅兵、校射等。1760 年，乾隆皇帝修葺紫光阁，以展示战图、战利品以及存放贡品。如今仍在这里接见外国正式到访者。它俯瞰着西苑中心

---

123   ㊺   战斗画面，见卫周安：《18 世纪晚期中国与西方的技术》，载《美国历史评论》第 98 卷第 5 期（1993 年），第 1542～1543 页及相应注释。也见聂崇正：《乾隆平定准部回部战图和乾隆的铜版画》，载《文物》1980 年第 4 期，第 61～64 页；聂崇正：《清朝宫廷铜版画〈乾隆平定准部回部战图〉》；也见伯希和：《中国皇帝的征服》，载《通报》，1921 年，第 183～275 页；1931 年，第 502 页。图版，见罗友枝、杰西卡·罗森：《清朝康雍乾三皇帝》，第 169 页，图 75。

㊻   应乾隆皇帝之请，一些铜版画在法国（这里不讲究什么皇帝的专有权）和北京"着色"。在北京故宫和西方私人藏品中都有这样的铜版画。

湖泊西岸的训练场，西苑就在紫禁城的西边，现在是中南海，已封闭起来，是政府首脑机关的所在地。

除了系列战图外，紫光阁还收有另一系列纪念战争画作——功臣像。新疆之役结束后，绘制了一百幅功臣像，分成前后两组，各五十人。皇帝亲自为前五十位功臣像写赞词，而后五十功臣像的赞词由三位高级文官于敏中、刘统勋、刘纶题写。赞词均用满汉两种文字写就。㊼

新疆之役后嘉奖的这一百名功臣之首，是高级将领傅恒，他也曾取得了 18 世纪 40 年代第一次金川之役的胜利，而他之前的指挥官则在军前当众处死。值得注意的是，傅恒本人并没有参与新疆之役，但他几乎是唯一支持皇帝决心在中亚实现自己目标的人。带有乾隆皇帝题赞的傅恒像现由美国私人收藏，赞词如下：

> 世胄元臣，与国休戚。早年金川，亦建殊绩。定策西师，*43*
> 惟汝予同。酂侯不战，宜居首功。㊽

乾隆皇帝的感激之情表明，甚至在帝国体制内，还是有一定可以表达不同意皇帝意见的空间的。从一些时人的意见可以清楚地看出，乾隆皇帝的许多谋臣出于支出的考虑，反对用兵新疆，而这种反对意见，在战争结束之后被用以证明将这一战争进行到底的决策是多么英明。㊾ 换

㊼ 这一讨论有赖于曾嘉宝：《乾隆朝第一批图绘功臣像中的八幅》；也见曾嘉宝：《纪丰功　述伟绩：清高宗十全武功的图像纪录——功臣像与战图》，载《"故宫"文物月刊》1990 年第 8 卷第 9 期，第 38～65 页。

㊽ 酂侯是指萧何，他是公元前 3 世纪汉朝开国皇帝刘邦的谋士，他和傅恒一样，从未实际参与战争。

㊾ 见米华健：《嘉峪关外：1759—1864 年清朝中亚地区的经济、民族和国家》，第 30、40～43、76 页。

言之，什么值得赞扬，是由皇帝时常相当主观的判断所定义的。

前后五十功臣的划分是基于功劳而非文武的不同，可以说，这强化了凡有功于军事胜利者都可以平等获得赏赐的认识，使得文武两途更为平等。与战图一道，在后来的战争结束之后，就会绘制此类的功臣像：第二次金川之役有一百功臣，台湾之役有四十功臣，廓尔喀之役有三十功臣。阿桂、海兰察，作为乾隆皇帝"十全武功"中数次战役的主要将领，紫光阁悬挂他们两人画像不少于四次，这实在少见，都写进了他们的传记。以这种嘉奖方式所选出的将领、士兵及军队行政人员，是精心设计的奖惩政策的组成部分，这一政策旨在鼓励服务并忠实于清朝事业的价值观。这一政策也包括大幅度增加对获胜将领的赏赐及授予的世袭头衔，同时对于贪生怕死或未能取得胜利之辈，予以严惩，第一次金川之役最早的两位指挥官就是如此下场。⑤⓪ 人们常常以为这种做法是乾隆皇帝所创，其实不是，是他对之前做法的改进和精心改造。

如同战图的情形一样，为功臣画像也有令人仰慕的先例可循。在 1 世纪下半叶，汉明帝（58—75 年在位）命人画云台二十八将；7 世纪时唐太宗——这再次是乾隆皇帝的榜样——命宫廷画师阎立本绘二十四功臣像，挂于凌烟阁，之后又将像刻于石碑。⑤① 有证据表明，乾隆时期的画像严格遵循了传统的样式、组合方式与内容，但整体上 18 世纪的画像融合了中西两种绘画技巧，比以前的更加生动。一般而言，新疆之役结束后的一百功臣像每幅都是正面像或四

---

⑤⓪ 见陆正明：《乾隆帝的"十全武功"初探》，第 253～255 页；恒慕义编：《清代名人传略》，第 43～45 页。

⑤① 见吴承恩：《西游记》（亚瑟·威利译，伦敦：企鹅出版集团，1974 年），第 132～133 页，提到了唐太宗时由吴道子绘制的功臣像，挂在凌烟阁。

分之三正面像，画像中人物身着补服或戎装，立姿，背景空白，表情有些木然。

这套功臣像一式三份，一套是在绢上着墨填色，悬挂在紫光阁，另两套画在优质宣纸上，以卷轴的形式悬挂在宫殿的亭台楼阁中。尽管能够观赏这些功臣像的人有限，但可以推测，有关它们存在的消息应该传到了宫廷之外。

创作了战图原稿的郎世宁等外国画师，还与中国的宫廷画师一道创作了系列功臣像。此外，他们还训练了不少中国学徒成为人物画画家。在这一事业中，如同许多纪念性绘画的创作一样，许多画师通力合作，这次至少是因为战争一结束，乾隆皇帝就希望用四五个月时间完成功臣像。时间如此仓促，是因为军队还朝之时，朝廷计划在紫光阁举行庆功宴，这是战争胜利后所安排的系列礼仪的组成部分，而画像必须及时完成。1900—1901 年义和团运动时，这些画像流散。一些在西方私人收藏家手中，一些在世界各地的博物馆中，已知唯一仍在中国的一幅藏于天津市博物馆。这一系列其他现存的功臣像如今时常会出现在国际艺术品市场。⑫

紫光阁后面是武成殿。比起紫光阁来，武成殿在纪念战争中的作用似乎要逊色一些。在它周围竖立着许多石碑，上面刻着数百篇乾隆皇帝有关战争的诗文：此处可能是这些作品的主要石刻汇集地。武成殿内，也陈列各种战利品，比如阿睦尔撒纳的银制经盒，新疆之役中正反皆可穿的衣服，清军使用的枪炮，一些缴获的武器，等

---

⑫　例如见阿姆斯特丹苏富比《中日陶瓷和艺术品目录》销售编号 604（1994 年 10 月 25 日），感谢李约翰（John Finlay）提供这一信息；另一例证，见温迪·穆南：《勇猛之将，绘其勇猛》，载《纽约时报》，2005 年 3 月 25 日 E32 版。也见曾嘉宝：《纪丰功　述伟绩：清高宗十全武功的图像纪录——功臣像与战图》。

等。战争一结束，缴获的武器就在市面大量涌现。有位耶稣会士将一把精美的镶宝石匕首赠送给他的赞助人法国国务大臣亨利·贝尔坦，据说这匕首是从金川的军队那里缴获的战利品。经由乾隆宫廷传教士这条途径，帝国的宣传可以不费气力地抵达远方，因为法国政府的通信人通过他们在中国的同胞不断地寻找有关中国军队的信息。传教士获取了大量的此类信息，着实惊人，这是不是清朝皇帝刻意所为的结果，还只能是猜测。㊳

四、文献记载

45   纪念战争及胜利的石碑与绘画，上面有着皇帝"十全武功"的诗文，这些收录进乾隆末年许多官修文献汇编，它们自己也因此流芳百世。在此，我们将讨论这一趋势中的五个主要事例。第一个是一套乾隆皇帝军事诗文全编：《高宗御制诗文十全集》。它对于研究18世纪的清朝纪念性战争极其宝贵。它以战役为序，下分诗与文，共五十四卷，是1794年即乾隆皇帝自称"十全老人"后不久，由彭元瑞编纂，上呈乾隆皇帝的。五年之后，乾隆皇帝驾崩。将皇帝有关战争的著述集于一书，更容易阅读，更显重要，同时至少从理论

㊳   高第：《18世纪国务大臣贝尔坦的书信集》，载《通报》第2卷第14期（1913年），第227～257、465～472、497～536页，具体见第467页。缴获武器的展示，见胡建中：《清宫兵器研究》，载《故宫博物院院刊》1990年第1期，第17～28页，具体见第17页；图版见曾嘉宝：《乾隆朝第一批图绘功臣像中的八幅》，图3。法国国务大臣亨利·贝尔坦与清宫廷耶稣会士钱德明之间的通信可在巴黎法兰西学院所藏的档案中找到，在手稿第1515～1524卷。

上讲，可以有更多的读众。

国家对彭元瑞赞助的程度不得而知，而此书在当时或之后的传播程度也并不清楚。康无为将这类著述描述为"清中期战争的终极审美之辞"，这是在与官方的战争历史即方略的记述比对之后所下的判语。⑭ 然而，后者本身只是文献纪念战争的一种主要形式，而并不是人们所期望它们应该做到的完整和准确。战争结束之后数年，关于这些战争的方略就得以刊行，这些大部头的方略确实令公众很清楚地了解到皇帝和他的将领之间关于战争指挥和战后重建的通信往来，当然，这些通信也都收入了后来由彭元瑞所编纂的关于皇帝的军事著述。此外，如濮德培最近所证明的，方略的编纂用力甚勤，一些最机密的通信都由军机处这一国家最高权力部门下属的方略馆人员摘录收入。它们与其他的许多文献汇编一道，包括下面所讨论的，推动了有关军事主题的作品全面增多，恰好与帝国的开拓相辅相成。⑮

这里要讨论的另外三部作品，都不直接关注军事，但它们在反映乾隆时期战争方面极具特色，更加引人注目。第一部是 1793 年出版的《石渠宝笈续编》，这是大部头、极详细的皇家绘画藏品的目录书，由梁诗正编纂，他是政府高级官员，同时也是画家和收藏家，他的书法有时用于装饰纪念碑。《石渠宝笈续编》描述了所有与战争相关及宣传性的绘画，并收录了画作上全部的文字——当然，这样的文本对追求艺术品目录的艺术家来说实在是可遇而不可求。稍早 *46*

⑭ 康无为：《皇帝眼中的君主制：乾隆朝的形象与现实》（马萨诸塞州剑桥：哈佛大学出版社，1971 年），第 50 页。

⑮ 见白彬菊：《君主与大臣：清中期的军机处（1723—1820）》，第 225～228 页；濮德培：《中国西征：清朝对中央欧亚的征服》，第 463～494 页。

些，为后五十功臣像撰写赞词的官员于敏中，担任一部详细记述北京建筑与纪念碑的图书的总裁。这部著作《日下旧闻考》，成书于1781年，完整收录了大量关于战争的碑文以及皇帝的相关著述。同年，多卷本《国子监志》收录了竖立在国子监附近的一些重要战争纪念碑的碑文。通过收录官方关于战争的文字，这些由皇帝资助出版的关于艺术、建筑以及地方志等的著作，在向更广泛受众传播政治正确观点的过程中显然扮演了重要的角色。这种混合了文与武的又一书面文献媒介，最终可能比碑文和一时的庆典、画作产生更大的影响，因为石碑通常太大，现场根本无法阅读；而直接能看到庆典与绘画题词的受众，只是些被挑出的人，人数有限。

五、结论

上述纪念物——纪念碑、绘画、建筑、文献，它们许多互相收录——构成了18世纪官方纪念战争事业的主要物质证据。它们表明了乾隆皇帝对历史——既包括过去也包括未来——是多么在意，这是他的动力所在。乾隆皇帝所写碑文，以及它们出现于多种媒介，等于宣称，他已成功超越了过去的圣君和转轮王，也成功地超越了将来的伟大帝国统治者，为的是证明他拥有整个空间的霸权地位，而这种霸权无论在象征意义上还是在实际上都是现世的。

乾隆皇帝思考并进行了规模宏大的规划。作为帝国的建造者，他认识到他治下多民族统治疆域的极度复杂性，并采取全面的措施，试图利用这些复杂性使之为在他的臣民中创造一种共享的共同体意识而服务。他从一种高度模棱两可的位置——身为异族统治者，试图同时让所有臣民都能各得其所。同时，乾隆皇帝凡事只要有可能总希望一举两得，他认识到，可以利用文化运动达到他培养独特的满人身份的目的。然而，这些将不同人群统一于民族情感的单一屋檐之下的努力，其结果甚至超出了上面所说的乾隆皇帝的大胆计划。乾隆皇帝成功地提醒民众注意到清朝是满人所建这一事实，可这也为满人之下的汉人的不满创建了一个潜在的发泄点，这在乾隆皇帝驾崩后的一个世纪浮出了表面，结果对清朝的事业最终是致命的，且至少从稍微长些的时期看来，对乾隆皇帝的宏伟设想也是致命的。也就是说，乾隆皇帝的计划间接地为下一个世纪的排满做出了"贡献"，后来排满又发展为更普遍的排外，所以，乾隆皇帝不经意间造成了他的王朝的衰落，这一结果与他所要寻求的适得其反。

寻求将文化进行军事化，对乾隆皇帝来说，控制手段比控制这些手段最终会产生的后果要容易得多。然而，通过将多种多样的清朝臣民想象成为一个整体，通过种种纪念形式所灌输的共有的成就感，为18世纪清帝国宏图大业开辟了天地，可能开始构想新的政治形式，纵然这些是乾隆皇帝从未预想到的。

第三章

宗教、战争与帝国建设

　　盛清的三位伟大皇帝，康熙皇帝（1662—1722 年在位）、雍正
皇帝（1723—1735 年在位）、乾隆皇帝（1736—1795 年在位），都是
雄心勃勃的帝国建设者，他们的帝国开拓和统治手段之高超，常常
可与欧洲的帝国主义者相比肩，而后者后来彻底击溃了中国和中国
文化。这些满族统治者为追求他们的帝国目标，把各色人种和文化
都融入了清朝政体；他们的统治，是高高在上的威严与灵活多元性
的结合。

　　尽管清帝国常被想象成由异族统治者主导的中华帝国，但实际
上还不如说，清帝国对于它的内亚和中亚的领土——蒙古、西藏和
新疆，与中国内地是同等看重的，中国内地是整个帝国的——尽管
是主要的——组成部分。在这个意义上讲，清帝国就像一个小型的
蒙古帝国，后者曾在 1279—1368 年统治着中国，那时中国是辽阔帝
国的一部分。当这一先例对满人有用之时，他们随时准备援引，但
是必须极其小心，因为他们的帝国蓝图需要当时的蒙古人顺从于满

人的霸主地位，成为清帝国的臣民。这个目标的实现既通过外交、操纵与控制，又通过军事力量，因为 17 世纪满人刚刚掌权时，蒙古人还未能充分联合起来对满人构成有效的挑战。

　　盛清（1683—1820）几场最重要的战争，或促进了帝国的开拓，或加强了清朝对边远地区的控制。尤其是平定准噶尔的战争，准噶尔是漠西蒙古的一部，有着帝国野心。这些战争始于康熙皇帝统治的 17 世纪 90 年代，此后，时断时续，直到 1759 年。加上 18 世纪 50 年代晚期对伊犁和穆斯林的战事，平准之役以消灭准噶尔人并对新疆的统一而告终，中亚这片广袤的土地，使得从北京发号施令的帝国拥有了其历史上最广袤的疆域。藏传佛教和伊斯兰教（影响不及前者）在这一旷日持久的冲突中扮演了重要的政治角色。18 世纪的其他几次帝国战争同样涉及宗教问题，包括 1720 年清军进入西藏，赶走了占据此地的准噶尔人，开始了对此地的长期统治；1765年在新疆乌什的穆斯林起义；大小金川之役，分别是 1747—1749年、1771—1776 年争夺四川和西藏边界地区的控制权；1774 年山东的秘密宗教起义；18 世纪 80 年代甘肃省的两次穆斯林起义；以及 1790—1792 年清朝为了维持控制西藏的两次廓尔喀之役。在以上每一场战争中，宗教都起着重要的作用。

49

一、清朝统治下的宗教

　　一般说来，中国的战争与宗教间的联系普遍存在但并不总是很明显。在世界其他地区的历史上，宗教战争更为常见，例如欧洲中世纪的十字军东征，此后还有欧洲天主教和新教间的战争，还有各种各样的伊斯兰教护教战争。此外，欧洲列强的帝国建设"教化使命"包含着强烈的宗教因素，目的是以各种方式使那些野蛮的亚非当地人——包括中国人——皈依基督教，必要时以武力为后盾。但是在中国，完全的宗教战争几乎不存在，因为中国没有确立单一的国教，且那些不时流行的宗教普遍缺乏基督教福音传道者的热情。但另一方面，尽管佛教徒严禁杀生，但我们不应该忘记中国的武僧传统历史悠久，至少在早期，传播佛教的意图有时会被用作发动战争的理由。①

清朝皇帝对于宗教和政治领域并没有清晰的划分，把宗教当作一种对他们主权的潜在威胁，除非已经完全臣服——换言之，宗教要么用来为国家统治服务，要么就具有颠覆性。这是因为他们习惯了绝对的权威，不能容忍任何其他替代性权威的竞争，无论是位于不可预测的超自然世界，还是位于他们政治权威所统摄不到的人类世界。

就超自然世界而言，清政府并不轻视它，而是要独占与生活其间的神祇的一切联系，以便控制它们。这么说显得意思不大明确。人们的宗教活动本身并没有被禁止，但如果有谁声称自己可以通灵的话，那就有违犯法律的危险，因为实际上他们的力量主要源自清政府控制之外，也就是"邪"，是异端。② 异端的界定，源于这样的假设，即那些教派成员能够获得各种妖术，会用于叛逆。这样的人

50

———————————

124   ① 见戴密微：《佛教与战争》，收入《高等中国研究所丛书》（巴黎：法国大学出版社，1957 年），第 347～385 页；也见前一章所引 6 世纪统治者隋文帝的谕旨。

② 可见薛允升：《读例存疑》（北京：翰茂斋，1905 年），重印本（台北：成文出版社，1970 年），第 162 条。

往往被认定为尤其易受颠覆性行为影响，部分是出于如下考虑：清政府把这类千禧年的组织如白莲教、八卦教和其他任何宣称拥有超自然力量的宗教人物都当作一种潜在的威胁。③

　　若承认在这个世界有权威，但此权威并不在帝国政治控制范围内，这样的宗教同样遭到怀疑。天主教以罗马教皇为中心，伊斯兰教以麦加为圣地，藏传佛教由西藏的达赖喇嘛控制，这些都归为此类。例如，18 世纪的头十年，康熙皇帝就绝对抵制教皇企图宣称对中国基督徒拥有权威，因为在康熙皇帝看来，部分中国人可能因此效忠于其他的权威，而不是效忠于他本人，这显然构成了对他所统治臣民的威胁。④ 实际上，在此后差不多一百五十年里，中国没有发生任何涉及基督教的战争，太平天国运动尽管打着基督教的旗号，也不过是中国内部的事情，与外来者试图煽动中国人脱离他们统治者的权威没有什么关系。同样，尽管清政府容忍了伊斯兰教，但中国穆斯林对帝国秩序令人不安的影响让清政府感到特别紧张，既在新疆，也在陕甘，前者有大量的穆斯林居住，后者在 18 世纪 80 年代发生了两次起义，这是 19 世纪后半叶震撼了此地的一系列穆斯林叛乱的序曲。

　　本章关注第二次金川之役（1771—1776）中宗教的作用，这次战役发生在四川省西部与西藏相接的崇山之间。第二次金川之役符

---

　　③　具体例子，可见韩书瑞：《山东叛乱：1774 年王伦起义》（纽黑文：耶鲁大学出版社，1976 年），韩书瑞：《千年末世之乱：1813 年八卦教起义》（纽黑文：耶鲁大学出版社，1974 年），孔飞力：《叫魂：1768 年中国妖术大恐慌》（马萨诸塞州剑桥：哈佛大学出版社，1990 年）。

　　④　见卫周安：《北京的六分仪：中国历史中的全球潮流》（纽约：诺顿出版社，1999 年），第二章，特别是第 75～76 页。

合一种持续不断的宗教战争模式，换句话说，盛清的主要战争，都涉及试图获得或保持对某一类人的控制，这类人的宗教信仰使清廷觉得有必要巩固他们对清朝皇帝的政治忠诚，第二次金川之役即是其中之一。

藏传佛教中的黄教希望利用战争来将它的影响扩至金川地区，这里长期以来是西藏本教的中心，藏传佛教中的红教也有一些分布，红教是黄教的主要竞争对手。清廷很愿意支持黄教，公开声称黄教是其亲密盟友，但底线是这种支持不能破坏它自己对该地区的政治控制。为了理解形势的复杂性，我们来看看藏传佛教在清帝国政治中所扮演的极其复杂的角色。

二、清朝皇帝与藏传佛教

51　　7 世纪晚期佛教从印度传入西藏，之后便逐渐流行开来并胜过已有的本教，本教也吸收了一些佛教的特点以保持自己的竞争力。久而久之，藏传佛教发展出好几个不同派别，相互间有着非常类似的教义，但各自都声称起源于不同的上师。其中最有影响力的是红教，是噶玛巴派的一支。14 世纪晚期和 15 世纪早期，形成了一个新的教派——黄教。时移世易，黄教逐渐获得影响力，到了清中期日益成为西藏占据主导的宗教，但是并非没有强大的对手，各教派对霸权的竞争十分激烈，在神权背景下，霸权意味着宗教的和政治的霸权。

在 16 世纪以及 17 世纪早期，黄教的领袖致力于增强自己的军事实力以对抗其他教派，尤其是红教。为了和红教争夺权力，黄教与蒙古人结成联盟，蒙古人当时正重新聚集起来，希望复兴曾使他们祖先无比强大的联盟。作为结盟的一部分，蒙古首领俺答汗（1507—1583）皈依了黄教，承认黄教的领袖为达赖喇嘛。蒙古民众追随着他们的大汗，皈依了黄教，黄教较之前有了更广泛的信众基础。1639年，和硕特部蒙古首领固始汗（卒于1656年）在当时达赖喇嘛的邀请下进入西藏，达赖喇嘛希望借助蒙古军队势力摧毁他的红教对手。在蒙古军队的保护下，黄教当时成为西藏人以及蒙古人的主导宗教；1640年，蒙古人正式采用藏传佛教作为他们的宗教。最终的结果是，许多蒙古人和西藏人如果不在政治上，那么至少在精神上效忠达赖喇嘛，但是同时，蒙古人实际上接管了对西藏的控制，并在这一过程中受到准噶尔人的支持，后者和达赖喇嘛关系密切。⑤

在蒙古人看来，与黄教的结盟也让他们想起了历史上蒙古领袖忽必烈和喇嘛八思巴间的亲密关系，前者曾在13世纪晚期成为中国皇帝，而后者是西藏最有权势家族的后裔。他们建立了一种"喇嘛—施主"关系，八思巴承认忽必烈是普世的佛教统治者、转轮王和文殊菩萨转世，文殊菩萨是佛教三位一体的第三位；其他两位的后世化身，据说是达赖喇嘛和某位蒙古大汗。⑥ 对忽必烈来说，让八思巴统治西藏相当于把蒙古、西藏的世俗和神圣权力统一起来了，也曾一度包括了汉地。这种机制使得忽必烈在不诉诸武力的情况下

52

⑤ 以下清初的内容参考了戴莹琮：《清朝西南边疆的兴起（1640—1800）》（华盛顿大学博士论文，1996年）。

⑥ 菩萨是高级神灵，已获得了佛的点化，但为了帮助那些仍困在痛苦轮回中的众生而推迟个人的涅槃；菩萨在人世间不断转世，定期现身。

从政治上统治西藏，允许西藏宗教领袖对其信徒拥有一定程度上的自治。这种机制早于黄教的发展，但作为一种权力结构，它成为极具吸引力的先例。可以说满族统治者打算尽可能地全面模仿它，当然并不希望在满人中鼓励大量皈依藏传佛教。

此外，作为一种政治机制，"喇嘛—施主"关系对满人来说另有好处，因为这不只是与蒙古人有关。1407 年，显然沉浸在军事冒险中的明朝永乐皇帝（1403—1424 年在位）援引了忽必烈的先例，与一位西藏大喇嘛互换称号，换取自己入教并被认为是文殊菩萨的转世。这种机制同样也吸引着满人，他们正致力于向帝国之内的不同人群展示不同的形象，例如，他们主要利用佛教的先例作为安抚蒙古人计划的一部分，利用汉人和儒家的先例来合法化他们在内地的统治。换言之，蒙元和明朝都曾接受了与西藏的某种形式的"喇嘛—施主"关系，从而使这种先例有了双倍的价值：符合备受推崇的一举两得的原则。

在满人 1644 年入关之前，蒙古人就已屈从于满人，这促使西藏的宗教团体步其后尘。1652 年，五世达赖喇嘛正式拜会了清朝皇帝，这时他得到了在西藏的蒙古当政者的承认，并在拉萨任命了自己的行政官员。这时达赖喇嘛承认皇帝是赞助人，这使后来的几位皇帝声称自己在与西藏的关系中已取代了蒙古人成为可能。为了实现这一目标，皇帝们也开始认同是文殊菩萨，仿照菩萨的样子，每个皇帝至少画过一幅画像。

皇帝作为菩萨——文殊菩萨——的形象，具有极其重要的政治意义。因为这一"角色"的扮演在视觉上和象征上深具意义，即满族皇帝已经取代了蒙古汗，成为"新忽必烈"，因此清帝国（包括蒙古在内）与西藏结成一种特殊的、类似于忽必烈与八思巴的关系，甚至有了一种可能性，即达赖喇嘛和清朝皇帝分别就是这一对"喇嘛—施主"的转世。[7]

此时，从严格的宗教的——不同于政治的或政治—宗教的——观点上看，满人对藏传佛教到底有多大的兴趣，依然不太清楚。毫无疑问，这会因统治者的不同而表现出差异，也会随着统治西藏的需要而变得更加迫切，例如，最先宣告成立清帝国的皇太极(1592—1643)，就蔑视蒙古人皈依藏传佛教，认为这有损于他们的尚武精神。这背后意味着在征服之前，在皇太极的支持下同西藏宗教领袖所有的任何友好关系，那也绝对是出于务实的考虑，而不是宗教的冲动。[8] 然而，18 世纪乾隆皇帝统治时期，皇帝对藏传佛教的礼仪和入教的兴趣特别浓厚，就算考虑到乾隆皇帝惯有的普世主义精神，这似乎也已远远超过纯粹政治目的的需要。即使如前所说，皇帝乐于接受密宗入教仪式，部分是想要获得与喇嘛相关联的神秘力量，但是最终乾隆皇帝似乎成为藏传佛教的真正信徒，尽管皇太极坚信藏传佛教会带来消极的影响。[9]

53

----

⑦　见白瑞霞：《虚静帝国：清代中国的佛教艺术和政治权威》（火奴鲁鲁：夏威夷大学出版社，2003 年），特别是第 54～62 页；戴维·法夸尔：《清代国家治理中作为菩萨化身的皇帝》，载《哈佛亚洲学报》第 38 期（1978 年），第 5～34 页。

⑧　见戴莹琮：《清朝西南边疆的兴起（1640—1800）》，第 81 页。

⑨　见白瑞霞：《虚静帝国：清代中国的佛教艺术和政治权威》；塞缪尔·格鲁普：《清前期的满人赞助和藏传佛教》，载《西藏社会学刊》第 4 卷（1984 年），第 47～75 页；贾宁：《清初理藩院与内亚礼仪（1644—1795）》，载《帝制晚期中国》第 14 卷第 1 期（1993 年），第 60～92 页；何伟亚：《怀柔远人：马戛尔尼使华的中英礼仪冲突》（罗利：杜克大学出版社，1995 年），第 39～42 页；何伟亚：《喇嘛、皇帝和仪式：清帝国仪式的政治意义》，载《国际佛教研究协会学刊》第 16 卷第 2 期（1993 年），第 243～278 页。

从一开始，满人就反对蒙古人和西藏人在政治上和宗教上的双重结盟，因为他们担心达赖喇嘛——似罗马教皇般极具影响力的宗教领袖——会成为满人霸权的重要反对者，可能支持他们的对手准噶尔人。满人的目的在于，在与西藏有关的任何安排中，他们应该取代蒙古人，也就是说，他们设想的统治是世俗和神圣权威的结合体，这种权威与藏传佛教领袖分享，沿用着忽必烈曾经运用过的手法。早期与达赖喇嘛建立联盟意味着，他们不想让其他的任何人篡夺这一主动权。

然而，在17世纪80年代成功平定三藩之乱，满人能够加强对中国内地的控制之前，在军事上，他们对西北方向的蒙古人和准噶尔人并不很注意。这一时期，这些人（尤其是准噶尔人）已开始利用清朝专心于平定南方的叛乱，而从蒙古北部不断进犯清朝。清廷为了保障自身的安全，于17世纪90年代发动了针对准噶尔人的一系列战役，准噶尔人首领噶尔丹（1644［1632?］—1697）曾是在西藏居住的黄教喇嘛，同西藏宗教组织保持着密切联系。至迟在这些战役期间，满人开始意识到，从政治角度看，加强对西藏及其宗教组织的控制性更强的体系建设十分重要，因为这种控制反过来对蒙古和准噶尔的长期统治必不可少，是帝国势力扩展到北方和西北的关键。

54　　　这个目标成为清朝平定准噶尔的一部分。1717年，准噶尔人入藏，其间发生了极其复杂的达赖喇嘛的继任纷争问题，具体细节这里无须讨论。1720年，清朝把准噶尔人赶出西藏，名义上支持新的"真"达赖喇嘛，实际上是为了加强对西藏的控制并逐出准噶尔人。最终清朝实现了对西藏的统治，牺牲的不仅是准噶尔人，还包括上一世纪大部分时间统治西藏的蒙古人的利益。对于推进、扩展清帝国在内亚和中亚的统治来说，这是重要的里程碑。

　　尽管说清朝皇帝和达赖喇嘛在对藏传佛教信众的影响力争夺上或多或少旗鼓相当，这些人如上面所指出的，包括了西藏人和蒙古人，但是他们之间的关系不仅仅是简单的霸权争夺。何伟亚认为，皇帝和达赖喇嘛双方都非常在意在公众面前表现出压倒对方的权威，而私下里又声称承认对方的优势地位。⑩ 在这一点上，藏文和汉文的记述往往歧异。藏文的记述是，皇帝敬重达赖喇嘛，将其当作他的老师，而汉文的记述是，皇帝是为了表现出在达赖喇嘛面前的纡尊降贵。在战争背景下，这种模糊表露无遗，比如当皇帝和达赖喇嘛有时互相争夺对蒙古人的影响力，当然同样地，他们也完全有能力联合起来阻止蒙古人彼此交恶。此外，当时机适宜，康熙皇帝随时准备利用他和达赖喇嘛的共同宗教理想，然而他念念不忘要消灭达赖的忠实信徒、准噶尔首领噶尔丹。这些看似矛盾的做法是出自要让清帝国各臣民各得其所的愿望。⑪

　　清帝国的政治—宗教抱负，也促使他们尊崇许多藏传佛教庙宇，其中最著名的包括了北京的雍和宫。第二章讨论过，庙宇和石碑的建造是清帝国宏图大业的主要特征，例如，它们不仅传递特定的认识，而且还用以纪念军事胜利。雍和宫曾是乾隆皇帝的父亲雍正皇帝的藩邸，是乾隆皇帝出生的地方，但是乾隆皇帝将它改造成重要的宗教中心，部分是为了显示清朝对西藏和藏传佛教的控制权。雍

---

⑩　何伟亚：《怀柔远人：马戛尔尼使华的中英礼仪冲突》，特别是第二章。

⑪　濮德培，私人交流，1997 年；康熙皇帝对噶尔丹的看法，见史景迁：《康熙皇帝自画像》（纽约：诺夫出版社，兰登书屋经销，1974 年），第 18～22 页及全书各处。

和宫内立有众多刻有皇帝谕旨的石碑，其中一块建于1792年，用四种文字（汉、满、蒙、藏）镌刻了乾隆皇帝的文章《喇嘛说》。这篇文章是要找出中国皇帝和藏传佛教间可上溯至蒙古人时期的长期存在的关系传统，用确凿无疑的语言申明了清朝对西藏和黄教（包括任命达赖喇嘛继承者的权力）的帝国权威，并宣称这种保护是为了维持蒙古和平。⑫ 皇帝赞助的另一个主要的藏传佛教之地是五台山的寺庙，五台山靠近中国内地和蒙古的交界。五台山与文殊菩萨关系密切，因此成为追寻宗教权力的重要场所。

　　正如第五章将会讨论的，清廷通过在几个都城重建著名的地标和景观，表达了对帝国各不同地区拥有的统治权。这种做法的最有名的例证是承德避暑山庄，它位于北京以北的蒙古和满洲交界，是清朝的夏都。承德避暑山庄实际上是一座帝国的主题公园，这在21世纪的今天看得更为真切，其中仿建了位于西藏拉萨的庙宇、宫殿等藏式建筑，以及与帝国独具特色的地区如蒙古大草原和南方景点相像的人造景观。在承德尤其著名的是一个小布达拉宫（布达拉宫是达赖喇嘛在西藏的驻锡地），乾隆皇帝希望它可以成为向蒙古王公展示清朝合法性的"标志"。承德以西藏原有建筑为蓝本的其他庙宇还包括：1755年模仿桑耶寺所建的普宁寺，桑耶寺是西藏最早的寺院，它融合了汉地、印度、西藏的建筑风格；1780年因班禅喇嘛到访所建的须弥福寿之庙，它以班禅在西藏的寺院——扎什伦布寺为蓝本。这些办法就是帝国宏伟大业运用建筑来为它的总体目标服务，

---

　　⑫　见费迪南德·莱辛：《雍和宫：北京藏传佛教寺院文化探究》（斯德哥尔摩：中瑞考察团，1942年），第57～62页。《喇嘛说》，也见白瑞霞：《虚静帝国：清代中国的佛教艺术和政治权威》，第35～36、196页；含有此文部分内容的手卷插图，见罗友枝、杰西卡·罗森编：《清朝康雍乾三皇帝》，第144～145页，图49。

对宗教和信徒的控制意图不再是什么秘密。⑬ 正是在这种更广阔的背景之下，两次与宗教因素牵涉甚多的金川之役在皇帝的眼里才显得如此重要。

三、第二次金川之役

四川省西部的金川，也就是嘉绒地区，居住的基本上是自治的少数民族，他们的首领是世袭的土司，清廷尽管对他们拥有权威，但并没有实际的控制。就像帝国内的一个或系列采邑，各部落间因为土地问题常有争端，而他们的统治者间也互有姻亲关系。清廷一般对他们放任不管，除非某土司有损害邻人以图自我坐大的倾向。18 世纪 40 年代爆发了第一次金川之役，清军进入这一地区，阻止我们所知道的名叫莎罗奔的土司的扩张，莎罗奔是这个土司的宗教称号。

18 世纪 40 年代，清廷费力地平定了金川，后来乾隆皇帝以此 *56* 作为他"十全武功"之首，但是二十年还不到，金川又卷土重来。大小金川的首领，两人同是莎罗奔的孙辈，是表亲，联合起来攻击他们的邻居，抢占地盘以不断增强自身实力。他们的成功意味着清朝的损失，因此清朝又一次介入。最终小金川被打败，但这是在清

---

⑬　傅雷：《规划承德：清帝国的景观事业》（火奴鲁鲁：夏威夷大学出版社， *125* 2000 年）；安娜·萨耶：《热河寺庙及其西藏原型》（巴黎：文化研究出版社，1985 年）；安娜·萨耶：《建筑仙境：一个帝国幻象》，收入米华健、邓如萍、欧立德等编：《新清帝国史：清朝在承德所建立的内亚帝国》（伦敦：劳特利奇出版社，2004 年），第 33～52 页。

军的木果木战败之后，木果木之败是清军这些年来最惨重的一次。

清军又花了好几年才抓住这对表亲——索诺木、僧格桑。清军在山区吃尽了苦头，那里的天气极其恶劣，当地人异常地一致对外，在高耸的石堡里极有效地抵抗清军的攻击。在外国人设计的大炮的帮助下，清廷终于赢得了战争，也付出了惨重的代价，最终进一步加强了对这一地区的中央集权控制。本可以在此结束这个故事，但有必要谈谈宗教的问题。

一开始，清朝只是将这场战争看作是将叛乱的少数民族置于自己控制之下。最初的战报几乎没有提及任何宗教因素，这表明清廷一开始就没有把握整个战局，或者至少他们不愿意公开提及任何宗教因素。但是随着战争的拖延，乾隆皇帝和他的谋臣开始更清楚地认识到，宗教问题比单纯的政治权威和领土控制更为紧要。⑭

金川地区是仍然具有竞争力的西藏本教的中心，这里的土司常常拥有世俗的和宗教的权威。莎罗奔就是如此，一些清朝官员最初还以为莎罗奔是这位土司的名字，但实际上它是宗教的称呼，意思是本教寺院的上师。这种区分在第二次金川之役中更加明显，金川前线的清朝将领注意到，金川首领的年轻子孙依习俗，都要成为本教僧侣，因此他们自动继承了"莎罗奔"的称号。第二次金川之役清朝的主要对手——大金川的首领索诺木——正是如此。索诺木是不知名前任"莎罗奔"的侄孙，有时被称为"莎罗奔索诺木"，以显

---

⑭ 可见温福：《金川奏稿》；那彦成：《阿文成公年谱》（1813 年，台北：文海出版社，1971 年，重印本）。1773 年温福死于木果木之役，之后阿桂代替他成为对抗金川军队的总指挥。也见海尼士：《西藏东部金川地区的征服》，载《泰东》第 10 卷第 2 期（1935 年），第 262～313 页。

其宗教权威。⑮　但是，这一地区并非所有部落民众都是本教信徒，他们在战争中也并非都站在索诺木一方，必须要说的是，清朝在分化瓦解不同政治、宗教团体以让他们互相对抗方面相当在行。

乾隆皇帝的亲密谋臣之一是蒙古的学者型官僚兼宗教人士，他　*57*
的汉名是章嘉呼图克图，藏名为章嘉若必多吉（1717—1786）。他是乾隆皇帝以前的伴读，年轻时曾和达赖喇嘛一起在拉萨学习，和黄教领袖关系甚为密切，1735 年从黄教领袖受戒。回到北京后，他有着双重身份，一方面他就蒙古和西藏事务给皇帝献言献策，其中包括宗教事务，并且有时作为皇帝的私人信使前去蒙古人和西藏人那里；另一方面他有时也作为达赖喇嘛在清廷的半官方代表。在北京，他运用和皇帝特殊的亲密关系——据说他传授皇帝神秘的密宗灌顶礼，以发展黄教的事业。⑯

若必多吉对黄教的支持让他敌视作为对手的本教。对黄教来说，金川之役就像个不曾预料的利好，从这个意义上讲，就像蒙古人当初帮他们打败红教一样，现在清军又可以帮助他们清除本教对自己优势地位的挑战。毫无疑问，乾隆皇帝之所以愿意去镇压金川地区的本教，部分是由于若必多吉的影响力。这样做，乾隆皇帝可以讨好达赖喇嘛和黄教，也更利于尽可能地同他们保持亲密关系，以挫败蒙古人或其他人的任何取代清朝在西藏地位的企图。据说，乾隆皇帝也曾利用若必多吉施展法术来赢得战争。

---

⑮　见孟伯迪：《金川之役：政治宗教情景》，收入费尔南·梅耶编：《西藏：文明与社会（巴黎德斯克雷·德·布鲁韦基金会组织的研讨会，1987 年 4 月 27—29 日）》（巴黎：德斯克雷·德·布鲁韦出版社，1990 年），第 125～142 页。

⑯　王湘云：《清廷的藏传佛教：章嘉若必多吉的生平与事迹（1717—1786）》（哈佛大学博士论文，1995 年）。

四、法术与战争

对于本教，最让乾隆皇帝感到头疼的，也许不是它作为黄教的宗教对手身份，而是它擅长于施展法术，其法术在打击清朝军队士气方面，证明与火炮一样有效，令清军士气大挫。喜欢把他的军事胜利归功于天助的乾隆皇帝绝不允许别人做同样的事情。⑰ 汉文和藏文资料都显示，本教用来对抗清朝的法术以及清朝镇压叛乱的法术，都在金川之役中发挥了重要作用。

法术——尤其是抗敌的法术——的运用一直都是本教的重要特征。无论乾隆皇帝本人是否相信超自然力量，对他来说重要的是，他的军队是否相信他们正被法术摧毁。因此我们发现，尽管乾隆皇帝一直相信"邪"不胜"正"，但他还是抱怨本教僧侣念咒语用法术对抗清军，抱怨本教僧侣作法时埋下的一些"厌胜之物"给清军带来的麻烦，至少让他们心神不宁。乾隆皇帝指示，如果他的军队从一步步攻占的寺院里挖出了这些"厌胜之物"，必须第一时间投入水火以摧毁它们的法力，这么做是为了让士兵相信，这些把戏再也不会给他们带来危险。就算他们什么也没有发现，他们仍应假装发现

⑰ 乾隆皇帝声称接受神助的例子，可见王昶等：《平定两金川方略》（最早是由方略馆在北京刊行，约 1779—1780 年），重印本（北京：全国图书馆文献缩微复制中心，1991 年），卷 123，第 5a 页；彭元瑞编：《高宗御制诗文十全集》（熊恢考释本，台北：合记士林书局，1962—1963 年），第 400～401 页；张照、梁诗正等编：《石渠宝笈续编》，1793 年，重印本（台北："故宫博物院"，1969—1971 年），第 1 册，第 241～246 页。

了什么，并且要走摧毁它们的过场，这样军队才能重新振作起来。皇帝让人可信要比皇帝轻信于人重要，简言之，保持军队的士气是军事问题，可以无所不用其极。还有一种本教法术，被认为是摧毁敌军的有效方式，据说这种法术，只有大金川的索诺木本人会使用，以对抗清朝。这种法术的步骤包括：在卷起的纸上写咒语，或画一些被认为拥有魔力的动物狐狸、鹰、蛇、马等等，再把纸塞进中空的牛角，然后埋进土里。⑱

但在战争中，并非只有本教能召唤超自然力量以帮助赢得战争。藏文资料显示，清军也曾用同样的方法应对。据说若必多吉曾变出火球和尘云迷惑敌人，并最终帮助清军平叛。但这样的内容并没有在汉文的史料中见到，这说明乾隆皇帝至少在公开场合，还是将他的胜利归功于强大的军事力量，而不是神明的帮助。⑲

有关战争的一些汉文史料间接表明，清军在金川之役中另有一种利用宗教的方法，该方法与法术和超自然无关，可以归入运用非常手段的取胜之道，大概也是受以一种外来宗教对抗另一种的想法启发。乾隆皇帝派葡萄牙耶稣会士、钦天监监正傅作霖到战争前线进行更为精确的测量，这样清军炮火更为有效，并现场负责施放火炮，这是清朝针对陡峭地形被迫采取的权宜之计。金川之役中，清军面临的困难之一，是叛乱者能够建造高大的石头

---

⑱ 顾祖成等编：《清实录藏族史料》（拉萨：西藏人民出版社，1982 年），第 5 册，第 2591 页，乾隆四十年五月三十（1775 年 6 月 27 日）；第 6 册，第 2823 页，转引自孟伯迪：《金川之役：政治宗教情景》，第 132 页。

⑲ 见丹·马丁：《本教经典与耶稣会士大炮：乾隆皇帝第二次金川之役（1771—1776）中的教派因素——以部分藏文文献为中心》，载《藏学学刊》第 15 卷（1990 年），第 3～28 页。

碉楼，不用强力火炮，是无法攻取这些碉楼的。傅作霖抵达前线不久，就铸造出了新的火炮并投入使用——这显然是遵照傅作霖的指导，成功摧毁了叛军的碉楼，为清朝的最终胜利铺平了道路。见图 4。[20]

60 战场上的清军将领怀疑当地善于施法改变天气者也在施展他们的手段对抗清军。清军在金川地区遇到的众多难题之一，便是五六月下雪，寒风刺骨，冰雹乱飞，大雨倾盆，道路泥泞不堪，战马陷入淤泥直至腹部，队伍寸步难行。[21] 整个战争期间，清军觉得恶劣的天气就是法师故意招来的。由于一些原因，藏传佛教红教的信徒被认为尤其擅长于运用"鲊答"*这种能呼风唤雨的法术，这在整个中亚和内亚，被认为是能在战争中改变力量平衡的有力武器。其中一篇最著名的祷文，曾被用来反抗成吉思汗，崇信它的有效性在一些突厥和蒙古人群间很流行，包括那些清军将领在攻打金川时，碰

---

[20] 见卫周安：《18 世纪中国的神和炮：乾隆时期的耶稣会士和军事活动(1736—1796)》，收入第三十三届国际亚洲和北非研讨会论文集《文化联系：东亚、历史与社会科学》（纽约州刘易斯顿，1992 年），第 94～99 页。火炮技术，见温福：《金川奏稿》，卷 1（无页码）；那彦成：《阿文成公年谱》，第 2 册，第 478～481 页，乾隆三十七年正月初五日（1772 年 2 月 8 日）。

[21] 恶劣的天气在官方或私人对战争的描述中随处可见。见温福：《金川奏稿》，卷 1（无页码）。那彦成：《阿文成公年谱》，第 1 册，第 463～467 页，乾隆三十六年十二月二十七日（1772 年 1 月 31 日）；第 2 册，第 653 页，乾隆三十七年十二月（1772 年 12 月 24 日至 1773 年 1 月 22 日）；第 2 册，第 751～752 页，乾隆三十八年四月初一日（1773 年 5 月 21 日）。

* 鲊答是某些兽畜的内脏结石。康熙皇帝《几暇格物编》有专条记述："鲊答之名，见于陶九成《辍耕录》及李时珍《本草》，第云：产走兽腹中。不知出蛇头及鱼腹者为贵，其形色亦不等。相传蒙古祷雨时，投鲊答于泉源，或持咒，或以手拨弄，辄能致雨。朕细推其理，盖泉源本灵异之地，不受污秽，以不洁之物搅之是以致雨。126 旧有烧蜥蜴（云虎）祈雨之说，亦即此意。今人遇泉源，未有敢轻亵者，无论南北皆然。观此可以知致雨之故矣。"——译者

到了早些时候在征服新疆的战争中就见过的人。㉒

59

图4 香山的金川碉楼

柳元拍摄。

　　1772年，也许是为了解释之所以在战争中没能取得更多的胜利，三位将领向皇帝奏报：

　　　　四月初间，连日雨雪，实因番地气候寒多暖少，臣等自过巴朗拉而抵资哩，时届春初，每日有疾风暴雨，倏来倏止，即

————————

　　㉒ 见亚当·莫尔纳：《内亚的天气法术》（布卢明顿：印第安纳大学亚洲研究所，1994年）。

疑小金川地方素习红教，必系鲜答所为。

皇帝的回答莫衷一是，可见，处理这种敏感话题对统治者来说并非易事。首先他承认环境恶劣之极，这是存在法术最好的明证，但是随后他又严肃批评了让人们相信这种事情的危险：

> 此等邪术，不过欲使人怖畏，人若见而生怯，则其术愈逞，惟能处以镇定，视之淡然，其技穷而法亦不灵……温福、阿桂当晓谕营中将士等共知此意。㉓

他批准增援粮饷，为了保持军队的士气不惜代价。尤怪乎第二次金川之役可能是他所有战争中开支最大的一次。

无论如何，不管法术是否奏效，它都已成为金川之役中双方"军火库"中的利器。一方声称，以若必多吉为代表的黄教，一直在用超自然手段击败反叛者，以帮助清廷，可以想见这也是在帮助黄教；另一方却认为本教和红教一直在用法术摧毁清军。大家都坚信正在使用法术，同时也感觉到不安：清楚地认识到求助于法术乃不公正之举，也认识到法术会有某些效果。

第二次金川之役中宗教的重要性，也部分来源于当地喇嘛的介入，他们在战争中表现活跃，这令皇帝震怒不已，也让我们认识到认为西藏人在历史上是热爱和平的观点是不正确的。他们不仅替造反者出谋划策，而且还提供庇护，与他们共同作战。例如，在战争期间，金川士兵常在寺院中躲避，清军首先得耗费巨大精力抓住他们，其次还得派精兵驻防，以防敌人重新占领寺院。喇嘛经常使用

㉓　那彦成：《阿文成公年谱》，第 2 册，第 541～542 页，乾隆三十七年五月二十二日（1772 年 6 月 22 日）。

超自然武器。乾隆皇帝特别厌恨那些通过念咒语来对抗清军的喇嘛，当然他也反对他们介入战争。在某些情况下，喇嘛们也可能会投降，希望清军不会像攻击普通士兵那样攻击他们，或者至少他们的神职身份能使他们免于最严厉的惩罚。例如，1776 年初，六十多名喇嘛从寺院里出来向清军投降，这分散了清军的注意力，使得藏在寺院里的金川士兵得以逃脱。㉔

五、战后

战后，为了避免进一步冲突，乾隆皇帝命令喇嘛必须撤离这一地区。允许他们留在金川风险巨大，而且那也将是对践踏帝国法律的纵容，因为口念与帝国军队为敌的咒语相当于邪教行为。㉕ 一些喇嘛被处死，有些将在重兵看守下坐囚车被押往北京。这些犯人中有些特别不走运，发现自己成为精心筹备的凯旋仪式的组成部分，在这个仪式中，索诺木被砍下的头颅在午门大批观众的注视下被献给皇帝。耶稣会士钱德明详细地向他在法国的通信者——国务大臣贝尔坦——描述了这一场景，下一章会对此有描述。幸运些的喇嘛，从北京转至中国内地合适的藏传佛教寺院与汉传佛教寺庙，或者夏都承德等地方安置他们，予以感化。这些喇嘛一旦逃跑，将立即被处死。如果认为，从金川逐出的喇嘛绝大多数属于本教或者红教，

㉔ 那彦成：《阿文成公年谱》，第 4 册，第 1831～1835 页，乾隆四十一年正月初二日（1776 年 2 月 20 日）。

㉕ 同上，第 4 册，第 1853～1856 页，乾隆四十一年正月；第 4 册，第 1907～1910 页，乾隆四十一年四月。

而承德的寺庙属于黄教，那么可以推测，这种重新安置是某种形式
的强制皈依。这与战后金川地区"重建"的一个方面很相似：将本
教寺院改造为黄教寺院。㉖

　　战后，乾隆皇帝打击本教，因为本教拥有一整套异端行为，不
可饶恕。尽管这种态度令若必多吉、达赖喇嘛高兴，但乾隆皇帝不
可能将经过长达六年征战而重获管辖的金川地区交给达赖喇嘛。他
更希望本教和红教能够成为这一地区黄教的制衡力量。因此，他拒
绝了允许来自西藏的喇嘛帮助重建这一兵燹之地宗教生活的建议。
因为他知道，凡有喇嘛的地方，整个很快就会形成信教团体，而过
往的经验明确表明这些总会引来麻烦。战时损坏的寺院被改造成了军
队营房，并将一直保留，金川地区那些允许恢复的寺院将由北京派来
的喇嘛主持，想必经过了政府的严格审查。还有完全不同的情况，德
尔格式的寺院喇嘛在战时赴清军营地并唪经以表忠心，他们因此在北
京受到皇帝的接见，将被安置在一家重建后改变宗教信仰的寺院。总
之，即使乾隆皇帝表达了对黄教的支持，但他仍然将黄教看作帝国安
全潜在的威胁，将本教和红教视为制衡黄教发展的一种手段。此外，
就像黄教安排若必多吉作为他们在清廷的非正式代表一样，皇帝同样
在金川安排了一批精心挑选的喇嘛为他从事情报工作。他们假装处于
同一条战线，但是为了各自的权益双方很有可能反目成仇。㉗

　　乾隆皇帝为消除金川地区的本教所做的努力并未完全成功，也
许他的本意就不在此。事实上本教一直活跃于此地，直到 20 世纪

　　㉖　对喇嘛的惩罚，可见《大清高宗纯皇帝实录》，卷 1007，第 10b～11a 页，
乾隆四十一年四月二十二日（1776 年 6 月 8 日）。

　　㉗　顾祖成等编：《清实录藏族史料》，第 6 册，第 2808 页，乾隆四十一年三月
初九日（1776 年 4 月 26 日）。

晚期才在共产主义反迷信运动过程中被消除。清朝双管齐下，一方
面宣称全力支持黄教，一方面又采取一系列动作不想让黄教在金川
地区一家独大，这是为了笼络和控制藏传佛教所制定的政策必不可
少的一部分，对于清帝国政权的建立、开拓及维持意义重大。同样，
对"妖术"的打击，部分为了提高军事效力，部分也是为了提醒人
们，宗教仪式很容易越界成为叛乱。

国家对于法术、宗教、战争结合的矛盾做法，不只是在金川之
役中有。例如，韩书瑞描述过，站在政府一边的观察者于 1774 年王
伦起义中（西部的金川之役正在不可开交之时，在东部一省份爆发
的一场战争）记录道，反叛者高喊"枪炮不过火"*，好像能使官府
的子弹转向似的。这样的高喊自然令人不安，据说使得官府军队频
失准头，尽管那当然也许并不是真正的原因。有时似乎只有清军以
法术对抗法术，才能克敌制胜。所以在一些胜利的战役中，至少为
了提升清军自己的士气，打击对手，他们安排赤裸的妓女登上城墙，
施展她们尿液与经血（事实上是鸡和黑狗的血）的"阴"力，企图
以此来恐吓和震慑敌人。㉘

乾隆皇帝对于战争中使用法术的态度，随着时间推进而愈发坚
决。他在另一场反叛者运用法术对抗清军的战争中的说法所反映出
的态度，让我们看清楚了 18 世纪 80 年代皇帝的立场，此时第二次
金川之役刚结束没几年。后来的这场战争同样与同域外有着联系的
宗教有关，这次起义由甘肃河州的穆斯林引发。总督向皇帝报告道：

63

---

* 起义者面对枪炮时的咒语是："千手挡万手遮，青龙白虎来护着；求天天助，
求地地灵；枪炮不过火，何人敢挡我。"——译者

㉘ 韩书瑞：《山东叛乱：1774 年王伦起义》（纽黑文：耶鲁大学出版社，1981
年），第 100～101 页。

> 官兵施放鸟枪时，（反叛领袖）王伏林仗剑诵咒，枪子纷纷
> 落地。及射倒王伏林，始能将余犯打毙。

这里非常值得详尽地引用当时乾隆皇帝对此的盛怒：

> 鸟枪为军行利器，如果施效有准，自然所向无敌。乃绿营
> 兵丁平时不习准头，临时施放，往往过高，是以不能中贼，或
> 未见贼而先行点放，及贼至而铅药早完，此系绿营庸劣通
> 病。……试思贼众果能念咒避枪，何独不能避箭，更可信为理
> 所必无。而庸劣绿营鸟枪兵，技艺不精，托词诿过，既不思精
> 演备用，且使邪教余党闻之，转得借词惑众。㉙

64

乾隆皇帝显然不相信这类法术，认为这就是借口，但出于军事考虑，
他不能冒险认为其他的人也不相信。㉚

在上面的抨击言论中，乾隆皇帝把绿营兵看作积习难改的懒汉，
倾向于将他们自身的无能归咎为人类无法控制的力量，指出他们远不
如满洲和蒙古八旗兵。这种言论让人联想到乾隆皇帝在军事上长久以
来所持的看法，即满洲人和蒙古人比汉人更可靠。清军分为两大部
分，它们有着名义上的民族差别，但并没有严格区分。理论上来讲，
投入战争的主力主要来自满洲、蒙古、汉军八旗（汉军八旗最早由入
关前就归附了满洲人的北方汉人家庭组成），而绿营兵至少公认主要
由汉人组成，他们就是治安部队，在战争期间可以作为后备军。第二次

㉙ 《宫中档乾隆朝奏折》（台北："故宫博物院"，1982 年 6 月），第 42 辑，第
75～76 页，乾隆四十三年二月初十日（1778 年 3 月 8 日）。

㉚ 另一个例子，皇帝（这里是乾隆皇帝的继承者嘉庆皇帝）必须严肃对待超
自然事物，无论他实际上是否相信它们的发生或意义何在，见卫周安：《清中期法
律文化中的政治与超自然现象》，载《近代中国》第 19 卷第 3 期（1993 年），第
330～353 页。

金川之役期间，绿营兵出现在了战争前线，他们成了有用的替罪羊。

1773 年的木果木之败后，乾隆皇帝对绿营兵大光其火，在这次惨败中，清军的一大损失是指挥官额驸温福战死。温福之死极其惨烈，太过羞辱，不能让更多的人知道，据说金川叛军将温福埋入土中，只留头部在外，然后叛军骑马来回疾驰。官方的记载把木果木之败归罪于溃逃绿营兵的胆怯，但谁先掉头逃跑的并不清楚。而皇帝的上谕一再宣称，满蒙八旗不会像绿营兵所做的那样临阵脱逃。除此之外，乾隆皇帝也利用这一时机，首先解决他的军队中关于敌人使用法术的言论问题，他暗示说，八旗兵经过严格、扎实的训练，根本就没有超自然力量使得他们错失目标这种可能。遵循这一指示，后来提及绿营兵无能时，乾隆皇帝特意命令绿营兵必须使用与健锐营满洲八旗一样的训练图解手册。

与满洲和蒙古军队相比，乾隆皇帝找到了汉人军队军事技艺上的欠缺，这证实了乾隆皇帝认为汉人军队战斗力极为不堪的看法，也为他持续不断地敲打他们提供了理由，同时，也可以轻易地让八旗兵免于污名。这也会使得在面对现实中的正规军失败时，睁一只眼闭一只眼。在几十年内这些就已是显而易见的了。③

六、结论

盛清的主要战争——那些与帝国宏图大业直接相关的战争——

---

③　可见《宫中档乾隆朝奏折》，第 42 辑，第 635 页，乾隆四十三年四月十三日（1778 年 5 月 9 日）。

都有着重要的宗教因素。在追求帝国大业之路上，笼络和控制宗教信仰对清朝来说极为关键，特别是那些有着外在权威来源的宗教信仰。乾隆皇帝对自己以及他的帝国的认识就是，这是一个安全的帝国，一个能行使全面权力和控制的帝国。在这方面，乾隆皇帝通过引用中国古代的文字以及通过激励他的军官重视严格训练的益处而一再指出，胜利的秘密就在于军备。㉜ 不管藏文史料中对若必多吉使用法术所做贡献如何记载，不论乾隆皇帝觉得他至少要注意所谓的敌人使用魔法，因它会对军心士气造成破坏性影响，但任何不是清朝牢牢控制的宗教，是没有任何存在的空间的。否则，风险太大，会影响到乾隆皇帝建设一支有效的军队以拓展并保护大清帝国的整体构想。清朝统治的宗教基础，不允许任何潜在的竞争对手，因此这也就成为帝国开拓战争中必不可少的一部分。

㉜　见陆正明：《乾隆帝"十全武功"初探》，收入南京军区百科编审室、《史学月刊》编辑部编：《中国军事史论文集》（开封：河南大学出版社，1989 年），第239～258 页。

第四章

军礼与清帝国

1993 年，纽约佳士得拍卖行成交了两幅中国 18 世纪的卷轴画，它们原本是四幅一套的一部分。这两幅描绘的是在长安（今西安）*举行的令人叹为观止、庄重威严的仪式，表现的是帝国军队出征场景。画卷由宫廷画院的数位画师协作完成，每幅都含御制诗一首，钤乾隆皇帝（1736—1795 年在位）御印十一方，以及一枚刻有画作名称和"乾隆年制"字样的玉别子。

这些画卷在乾隆皇帝去世近 200 年之后出现在国际艺术品市场，若他地下有知，定然会大感快慰。乾隆皇帝，这位一贯从军事角度思考问题并行事的满洲人，倾其大部分精力指挥了一系列军事战争，并精心策划了一场文化运动，旨在强化其统治的对武的强调。具体说来，这场运动的目的就是创造一种独特的清朝文化，以满族的尚武精神为基石，而历来在汉文化中占主导地位的文学和艺术成就等等文治美德，则不得不屈就，至少部分地拱手让出了它们非凡的

---

* 长安，这里是都城的代称，指当时的北京。——译者

声望。

这些具有纪念性的艺术品，如上述佳士得拍卖的画卷，是为实现这些目的而创作的。这些艺术品不仅用来记录清朝军事（武）成就的捷报并将之昭告天下，而且，如下文所述，这些画作所描绘的仪式本身也是文与武交融并重的标志。最后，这些画作及所描绘的仪式，以及画作在20世纪末的纽约现身（当然乾隆皇帝几乎无法想象国际艺术品市场为何物），实现了乾隆皇帝的两个夙愿：一是"一举两得"，二是"垂世久远"。当然现当代艺术品鉴赏家们对画卷原本的教化功能的理解与体验程度到底如何，还可以讨论。①

67 这场清朝文化运动的核心是高度重视军备的价值，以及与之相伴相生的尚武美德，确切地说，这些特性与差不多是在乾隆时代所创建的一种满族文化息息相关。这场运动在康熙朝（1662—1722）已见雏形，1750年前后起才真正得到迅速发展，这个时候乾隆皇帝开始将庆祝战争胜利以及彰扬尚武观念提升到了新的高度。之所以

---

① 乾隆皇帝提到"一举两得"的例子，见《大清高宗纯皇帝实录》（东京：大藏出版株式会社，1937—1938年），卷599，第17b～18a页，乾隆二十四年十月二十一日（1759年12月10日）；卷716，第16页，乾隆二十九年八月初二日（1764年8月28日）。《钦定大清会典事例》，1899年，重印本（台北：新文丰出版公司，1976年），卷729，第16a～b页（1761年，无具体日期）。以及贯穿卫周安《清朝中期的流放：发配新疆（1758—1820）》（纽黑文：耶鲁大学出版社，1991年）一书的讨论。"垂世久远"，可见《上谕档》（北京），乾隆四十一年八月二十日（1776年10月2日），第293页，以及本书第二章。关于这些卷轴画（当然，本身就是由文的技艺所造就的作品），见张照、梁诗正等编：《石渠宝笈续编》，1793年，重印本（台北："故宫博物院"，1969—1971年），第4册，第1869～1870页。卷轴画的图版，见纽约佳士得拍卖行《中国书画精品》，销售编号7790（1993年12月1日），第149～153页。《石渠宝笈续编》将这些卷轴画的年代定为1748年，可又说它是描绘"第一次金川之役"的作品，可知，卷轴的题款定然是1776年也就是清王朝再次平定金川之后加上去的。这套卷轴中的另外两幅，显然是描绘后文将要探讨的祝捷庆典的场面。

这样做，部分原因是他对战争及其所有的象征之物怀有激情，对军事胜利怀有喜悦之情——甚至有时难免言过其实；部分是因为他深谙当众展示和仪式象征在实现帝国开拓的宏图大业中的妙用。军礼，以其隆重庞大的规模和高度清晰可视的戏剧性效果，成为文化转变过程中的有机组成部分。[②]

18 世纪下半叶，清帝国达到鼎盛。1644 年就已统治了中国的满洲人，到此时已成功地建成了一个帝国，听命于北京的版图拓展到有史以来的最大。除了中国本身，清帝国不仅包括帝室的东北故土（满洲），还囊括了蒙古、西藏以及新疆。为包容其统治地域和民族的多样性，清王朝充分吸收了源自中国以及内亚的诸多文化传统，以加强王朝统治并使之合法化。所以，总的来说，人们应该谨记于心的是，"清"和"中国"未必总是一回事。

本章包括了两条互相交织的主线。第一条描述和分析了清代各种军礼，每种均由皇帝亲自主持，他是全能角色和推动者。具体来说，这一部分讨论了：大阅，和平时期的阅兵，主要是为了展示军事实力；命将，为发动新的战争而举行的仪式，就是佳士得拍卖画卷所描绘的场景；凯旋，为纪念战争最终取胜而举行的一系列祝捷庆典。在许多可能的选择中，我特意选取了这些特别的军礼，主要是因为每一种都说明了武与文以及内亚元素与中国元素之间的交互作用，还因为每一种仪式都有场面壮观的表演与细致的文本规定。此外，相当丰富的视觉资料，加之书面材料，均表明了这些仪式非比寻常的重要性。本章的第二条主线探讨了军礼向受众的传播，其

[②]　见柯娇燕：《〈满洲源流考〉与满洲遗产的形成》，载《亚洲研究杂志》第 46 卷第 4 期（1987 年），第 761~790 页。

范围远远超出参与者和现场目睹之人。当下我们可以说，清朝的宣传机器动用一切可用的手段，尽可能广泛地推动这一新的清朝文化。然而，军礼的表演和传播也远远超过了纯粹宣传的目的。除了直接阐释或象征皇权之外，军礼及其传播本身还构成了积聚和重申皇权的极为重要的组成部分。在《身体与笔：18世纪中国作为文本/表演的大祀》一书中，司徒安颇有说服力地指明，皇帝统治的象征性的建构依靠的是礼仪文本和礼仪表演。我对同时期军礼的研究，是司徒安的著作中未曾涉及的帝国礼仪的一个方面，在总体上印证了她的研究结果，且进一步展示了清朝如何利用军礼的文本和表演这两手，来推动帝国和文化目标的实现。③

军礼对于促进清朝文化具有特殊意义，至少是因为它显然契合文武之道。军礼是礼仪文本与礼仪表演的密切结合，有着纪念性著作、绘画和碑刻的系统制作。军礼为实现两个密切相关的目标提供了一个近乎完美的机遇，这两个目标是：第一，文的运用要为武服务，而不是与之相反的更为传统的武服务于文；第二，实现一定背景之下的文与武近乎无缝的融合，继而确保、强化后者的荣耀。军礼因此有助于平衡文与武并向后者倾斜。

在这场更广泛的文化运动背景下，军礼还具有一些其他的优势。首先，在当时，国家审查制度设法限制戏院的发展和戏剧的传播，

③ 司徒安：《身体与笔：18世纪中国作为文本/表演的大祀》（芝加哥：芝加哥大学出版社，1997年）；罗友枝：《清代宫廷社会史》（伯克利：加利福尼亚大学出版社，1998年）；罗友枝《"创造"18世纪中国的一位皇帝》，收入荣鸿曾、罗友枝、华若璧编：《和谐与对位：中国的礼乐》（斯坦福：斯坦福大学出版社，1996年），第150~174页；文朵莲《乾隆辛巳科：18世纪中国的科举、国家与精英》（斯坦福：斯坦福大学出版社，2004年）。上述作品都引用了凯瑟琳·贝尔《仪式理论与仪式实践》一书（纽约：牛津大学出版社，1992年）。

以消除它们对社会精英阶层可能产生的腐化影响，而军礼的壮观场景，在某种意义上，提供了一种国家认可的替代形式，旨在通过展现清帝国的实力和其所依仗的军威，发挥教化作用。其次，通过向清朝主流文化注入明显增多的军事风尚，军礼借助创立一个新的集体自我想象，强化了统治。这种做法不由地让人想起由菲利普·科里根、德里克·萨耶尔所描述的18世纪的英格兰，尽管历史背景极为不同。④

　　无论是高度可视性的军礼的表演场面，还是对这些表演场面的文字记录及图画形象的制作和传播，对上述过程而言都至关重要，这会让人想起福柯等人视为可以有效地具化和强化政治权力的"威仪剧院"。⑤ 为强化政治权力而布设的极具戏剧性和充满象征性的场景，既能给人们接受清政权及其军事基础，又能为受众提供引以为豪的源泉（这一点其实是整个运作过程中不可或缺的一环），就此来说，是无与伦比的途径。

　　这些手段使人们至少在某些方面想到了钱德拉·慕克吉在讨论法国国王路易十四的凡尔赛花园时所描绘的场景。他的军事工程师们以极具军事化的风格设计和建造了供他享乐的花园——树木以军阵排列，建筑物好似要塞，不一而足——使之成为国家重大场合的背景，以彰显法兰西的军事实力。乾隆皇帝很可能已经充分意识到 *69*

---

④　菲利普·科里根、德里克·萨耶尔：《大拱门：英语国家形成的文化革命》（牛津：布莱克威尔出版社，1985年），尤其是第102页。

⑤　"威仪剧院"（theatre of majesty），见米歇尔·福柯：《规训与惩罚：监狱的诞生》（纽约：万神殿出版社，1977年）。他的著作被广泛深入地研究，例如大卫·康纳汀：《仪式的背景、表现和意义：1820—1977年英国君主制及其"传统的发明"》，收入艾瑞克·霍布斯鲍姆、特伦斯·兰杰编：《传统的发明》（剑桥：剑桥大学出版社，1983年），第101～164页。

了这一切——他的耶稣会士所设计的圆明园某些宫殿就部分效仿了凡尔赛宫，至于法国的范例是否真的影响了乾隆皇帝的决定，我们并不能肯定。⑥

18 世纪中叶，随着乾隆皇帝将这场文化运动推至一个新的高度，有关一般礼仪理论、实践以及历史的文本重构，成为学术的一个主要关注点。这些研究既有在皇帝赞助下开展的，也有私下进行的。在乾隆朝初期和中期，三种影响深远的礼仪文本于几年之中相继问世：第一种是《大清通礼》（1756 年），第二种是《五礼通考》（1761 年），第三种是《皇朝礼器图式》（1766 年）。⑦ 第一种和第三种是在皇帝赞助下出版的，而《五礼通考》是由私人编纂，得到了供稿者的襄赞，这些供稿者以各种方式隶属于宫廷和政府。由于有着这样的关系，与由皇帝公开赞助编纂的典籍一样，《五礼通考》也难免受到皇帝的影响。所以，当我们发现这部典籍和其他两部一样，军礼占据了突出位置，就不会感到惊讶了。

《大清通礼》作为官方礼仪指南，详细地记述了每种仪式各组成部分的规定，包括所有的视听效果：谁应该参加，每个参加者应该如何穿戴，如何站位，面向何方，如何移位，精确的计时，演奏的乐器，仪式不同阶段的特定音乐，礼炮鸣放的次数，等等。根据中国礼制传统的五种礼仪，此书分成若干部分，其中，军礼作为第三

---

⑥ 钱德拉·慕克吉：《领土野心和凡尔赛花园》（剑桥：剑桥大学出版社，1997 年）。与承德一样，圆明园中的西洋楼宫殿群展示了一种表现拥有或统领的主题公园，而这些场景所表达的愿望无疑超过了承德。见第五章。也见伯纳德·科恩：《维多利亚时代印度的权威代表》，收入艾瑞克·霍布斯鲍姆、特伦斯·兰杰编：《传统的发明》（剑桥：剑桥大学出版社，1983 年），第 165～210 页。

⑦ 司徒安对于这些文本的分析（主要是《身体与笔：18 世纪中国作为文本/表演的大祀》的第二章）忽略了它们的军事元素，因为这与她论述的内容并无关联。

类礼仪出现，据说有着古老的渊源，一些情况甚至可以追溯到三代的周朝（公元前 12 世纪—公元前 3 世纪）。其他种类依次为：吉礼，吉祥礼仪；嘉礼，欢乐礼仪；宾礼，宾客盟会礼仪；凶礼，丧葬礼仪。⑧

根据清朝文化运动的迫切需要，在《大清通礼》中，军礼在礼仪种类次序中的位次由第四升为第三，因为这样更合乎古时的惯例。⑨ 然而，此说法有些牵强，因为这些结构性变化同时更加明显地突出了与军事有关的那些礼仪。这种重点的转移当然完全是有意为之。为破除疑惑，在军礼这一部分的序言中用后来成为程式化的措辞宣称，清朝国家的军事成就远迈此前的各朝。⑩

第二种文本《五礼通考》的编纂者是礼仪权威秦蕙田（1702—1764），此书中军礼占据了 262 卷中的 14 卷，内容既重历史，也重规定，例如，包括了按时间顺序记述周朝以来军事制度的演变。子目涉及许多主题，而马政、田猎等，虽然备受清朝统治者青睐，但因明确与内亚的武艺相关，从而被排除在军礼的制度汇编之外，这样做是基于中国的先例。⑪

第三种文本《皇朝礼器图式》有着各种礼器的图示，并提供了详细的规格说明。它分为六个部分：（1）材质为玉、瓷、青铜和漆木的祭器；（2）用来确定仪式日期的天文仪器；（3）冠服；（4）乐器；（5）卤簿；（6）甲胄和武器，是在"武备"项下。有些不寻常

70

---

⑧ 《钦定大清会典》，卷 26，第 6a 页。

⑨ 见《清朝通典》（上海：商务印书馆，1936 年），卷 58，第 1423 页；也可见《四库全书总目》，1782 年，重印本（北京：中华书局，1992 年），卷 82，第 707 页。

⑩ 来保等编：《大清通礼》（1756 年，无出版地点），卷 41，第 1a 页。

⑪ 秦蕙田：《五礼通考》（1761 年，无出版地点），第 233～245 页。

的是，这样一部汇编竟包括了第六类东西。无论是此文本的皇帝序言，还是将该条目收入《四库全书总目》的 18 世纪作者，都明确说明了将武器（和天文仪器）列入礼器的理由，指出这既是古代周朝的通行做法，也是鉴于它们对统治的固有重要性。⑫ 至少这个文本里图解的一些武器，确曾在清朝用于实战，同时也做礼器使用，这表明至少就此而言，已经没有明确的功用区别了。这种模糊的界限，突显出清朝时军礼日益具有了实用的以及象征的属性。

通过重新排列礼仪的先后次序以更加突出军礼，通过引入内亚传统元素以稀释它们的中国"血统"，以及通过在礼器中加入武器类别，这些文本有助于将传统礼仪转变为复合形式，更能适应新的文化重点。即使这些文本的确一再重申此乃经典的中国形式，即对于古代是无条件认可，那它们也渐渐地进入了文化的危险区域，因为要致力于恢复旧有的真正礼仪文本，曾有汉族学者借此表达过反清的情绪。然而，在这些文本中，清朝的统治者们，已经笼络了这一先前是自发的学术潮流来为帝国的目的服务，用的是一种他们统治风格中所固有的操作形式。通过这么做，他们将这些文本打造成使清朝文化正统化的文献。⑬

就我这里的研究而言，"军礼"这个术语指的是列入《大清通

---

⑫ 见福隆安等编：《皇朝礼器图式》，1766 年，尤其是第 3b~4a 页；《四库全书总目》，卷 82，第 706~707 页。

⑬ 见周启荣：《帝制晚期中国儒家礼教主义的兴起》（斯坦福：斯坦福大学出版社，1994 年）。木兰秋狝和其他内亚地区的礼仪，见贾宁：《清初理藩院与内亚礼仪（1644—1795）》，载《帝制晚期中国》第 14 卷第 1 期（1992 年），第 160~192 页，以及下文。清朝另一种对"私人"文化趋势的笼络，见卫周安：《清朝中叶的流放：发配新疆（1758—1820）》，尤其是第 213~215 页。

礼》等制度汇编的各种正式、公开和具有庆典性质的活动。⑭ 清朝
时，这一术语并不包括对战神关帝的崇拜，这一崇拜在清朝流传日 *71*
广；以及对清朝奠基者努尔哈赤（1559—1626）的崇拜，努尔哈赤
已被神化，与关帝齐名。⑮ 它也不包括对尊崇炮神的任何细节描述，
炮神是处于大众信仰神祇位次较低的重要一员，比如，人们会在通
往战场的路旁为他供奉祭品。列入制度汇编的军礼既不包括萨满教
中与战争有关的礼仪，因而这里也一笔带过，也不包括每年在满洲
举行的木兰秋狝，因为此活动并非源于中国，而是源于内亚。然而，
下面还是要讨论木兰秋狝，第一，因其有着军事的内容和目的；第
二，出于军事的考虑，它提供了一种将帝国各臣民聚合在一起的精
妙手段；第三，因为与中国的军礼一样，它也为艺术创作提供了素
材。它以上面所说的这些形式，服务于清朝的这场文化运动。现在，
我们来考察其中一部分礼仪的规定程序和实际实施情况。

一、大阅

　　大阅，是《大清通礼》中军礼这一大类下位于首位的内容，这

---

　　⑭　军礼的完整类目，见《钦定大清会典》，卷 26，第 8b～9a 页；《大清通礼》，*128*
卷 41～45；《钦定大清会典事例》，卷 411～414。
　　⑮　见狄宇宙：《清代宫廷中的满族萨满仪式》，收入约瑟夫·麦克德莫特编：
《中国的政治与礼仪》（剑桥：剑桥大学出版社，1998 年），第 351～396 页，正文出
处见第 370、375 页；柯娇燕：《透镜：清帝国意识形态的历史与认同》（伯克利：加
利福尼亚大学出版社，1999 年），第 244～246、285～286 页。关帝，也见杜赞奇：
《刻画符号：战神关帝的神话》，载《亚洲研究杂志》第 47 卷第 4 期（1988 年），第
778～795 页。

是清朝的创新，更加突出了在和平年代定期对军队进行检阅，使它比过去的地位远为重要。⑯ 这种转变很可能和下面的情形有关：康熙皇帝于 17 世纪 90 年代御驾亲征漠西蒙古首领噶尔丹，之后就再也没有皇帝亲临战场了。因此，从那以后，数项正式涉及皇帝御驾亲征的仪式种类实际上已经不合时宜。皇帝们不得不通过其他方式来展示自己的武功。清朝重新排列军礼内容的顺序，或许与前文提到的调整各类礼仪的先后次序有关。

后来所认定的清朝首次大阅——当然在当时没有刻意将之确立为正式和特定的先例——是 1636 年之前举行的，是在王朝建立者努尔哈赤之子、清帝国宏图大业的创始人皇太极（1592—1643）统治时期。随后，大阅成为公共礼仪表演中固定的特色项目，尽管时隔多年它才拥有了固定的形式，成为常设项目。例如 1685 年，康熙皇帝一如既往地指出武备的突出重要性，还谕令每年必须操练和演习。他继而下令，为了特别教诲内亚众藩属国，应该举行阅兵。最后，他要求每三年举行一次大阅，当然实际上远没有此等频繁。⑰

72　　　在北京，大阅在位于城南的狩猎场地——南苑举行，有时在清朝入关前的故都沈阳进行。校阅地点的选择，无论在现实中还是在象征意义上都与皇权关系密切，赋予这些场合特别的敬畏感，以有助于强化清朝统治；反过来，南苑尤其名声大噪（已超出了狩猎场所的习武含义），主要就是因它与大阅有关系。

大阅仅就规模而言，足够庞大。在长达数月的时间里，它聚集了礼仪专家，搭建临时必需建筑的人夫，参阅部队和军官（毫无疑

---

⑯　见《清朝通典》（上海：商务印书馆，1936 年），卷 58，第 1423 页。
⑰　同上，卷 58，第 1424 页。

问，还有他们的家人，这些人一定已经清楚即将举行的活动），皇室成员，各部门文职官员——他们来自兵部、礼部、工部、内务府、内阁、銮仪卫、武备院、钦天监、鸿胪寺以及乐部，这些人参与了实际的规划和准备。这是一个政治舞台，其中的观看行为使所有观礼者有效地融入表演之中。除此之外，这么多的人员、礼仪装备、武器，沿着将近十公里的路线前往南苑，进出这一演练场，这有助于重点突显清帝国有着大规模军事力量的这一认识。所有直接或间接的参与人员，无不在某种程度上认识到，他们参与的活动是对清朝军事实力的权威性确认。⑱ 可以说，大阅，如字面的意思所示，以各种各样的方式，成为众多人生活经历中被认可的力量。

　　一次大阅的准备和实际庆典耗时达数月之久。首先，下令八旗各营整饬武器、甲胄、战鼓、旌旗。钦天监择定大阅吉日。在既定日期之前的两个月内，各营便在演武场训练，操演所有科目，直到典礼日当天能够完美展示。⑲ 典礼之前的一个月，正式选定仪式表演地点并平整、清理场地。最后准备阶段，士兵们在负责监管的文武官员的率领下在现场演练细节，彩排各个科目。武备院卿等人也开始为迎接典礼将场地布置成一座军营，并搭建一座圆幄，御座安置于其正中央。圆幄里摆放好皇帝会使用的装备，其中包括仪式上

---

⑱ 见阿芙丽尔·卡梅农：《讲述仪式的拜占庭书籍》，收入大卫·康纳汀、西蒙·普莱斯编：《皇室礼仪：传统社会中的权力与礼仪》（剑桥：剑桥大学出版社，1987 年），第 106～136 页，具体见第 128 页；康纳汀：《仪式的环境、表现和意义》。

⑲ 举行阅兵的确切地点尚不清楚，可能是今天北京团城演武厅这个地方，位于北京城外香山公园南约两公里，现存的建筑仅能追溯到 1749 年，这里离北京城相当近。

73 他所用的甲胄、弓箭。八旗士兵分两翼排列，镶黄、正白、镶白、
正蓝旗的士兵在东，正黄、正红、镶红、镶蓝旗的士兵在西。要求
肃静。各营打着旗帜，摆放好锣鼓和武器，一切完备就绪。正式典
礼的前一天，銮仪卫掌事安排好卤簿。御道已事先清理妥当，皇帝
坐上銮舆，在前呼后拥下前往行宫。同时，皇室成员和官员恭迎卤
簿仪仗并行礼。[20]

　　《大清通礼》详细规定了参加大阅的人员，每个旗营都有名额。
参加者多达上万人，除皇帝以外，包括武将、全副武装的步兵、枪
手、炮手、鼓手、敲锣手、手执各色营旗和仪仗旗帜的旗手、马夫
等等。每旗将展示 10 门神威炮，八旗共 80 门；其他武器，如子母
炮，也会亮相。有一些炮，如我们所见，将在仪式进程中鸣放。[21]
在既定时刻，每个人均准确无误各就各位，兵部高级官员（这些职
位通常是经由文职任命程序任命）前往行宫向皇帝报告。礼炮鸣放
三响，乐师们演奏一种军乐——铙歌大乐，其古已有之，可追溯到
汉帝国（公元前 206 年—公元 220 年）。这样聚集在一起的人群、武
器、火炮的轰鸣、军乐的演奏，形成了壮观的景象，准确无误地从

　　[20]　清朝有四种不同的卤簿，用在不同的场合。在文中所说的场合，使用的是
大驾卤簿，它的各组成部分的详细描述和图示，见《皇朝礼器图式》卷10；卤簿
中的乐器，见《皇朝礼器图式》卷9。也见格雷斯·王、吴艾坤：《清代帝王生活：
来自中国沈阳故宫的珍宝》（新加坡：兰德马克出版社，1989 年），第 48～51、
118～119 页；万依、黄海涛：《清代宫廷音乐》（北京：紫禁城出版社，1985 年），
第 23 页。
　　[21]　《大清通礼》卷 41，第 3b～12b 页。不同类型大炮的记述，见乔瓦尼·斯达
里：《南怀仁所铸"满洲大炮"及其迄今未知的铸炮术》，收入约翰·威特克编：《南
怀仁（1623—1688）：耶稣会传教士、科学家、工程师和外交家》（内特塔尔：圣言出
版社，1994 年），第 215～225 页。插图，见《皇朝礼器图式》卷 16，特别是第 6a～
8b、16a～17b 页。

视觉上和听觉上奏响了军事力量、战备、尚武理想的三重奏。㉒

皇帝身着礼仪铠甲，头戴有着梵语铭文的盔帽，铭文意为源于内亚传统的"普世统治"赞语。皇帝骑马出行宫，来到即将举行仪式的御帐。在大约 60 位武将的簇拥下，皇帝佩戴火枪、宝剑或弓袋箭囊。当圣驾抵达御帐时，兵部尚书正式奏请皇帝检阅部队。大典开始。

武备院官员手举带有金龙图案的黄罗伞走在前面，皇帝早已佩剑在身，此刻他又披挂上礼仪弓袋箭囊，骑马出御帐，由兵部尚书和左右侍郎护驾，其他的大员与侍卫随行。㉓ 皇帝从中央穿越整齐排列的队伍，他前面是护军营、前锋营、骁骑营，身后是火器营。然后，皇帝返回御帐前，下马，卸下弓袋箭囊，进入御帐。陪同的各官员均下马，紧随其后，各自在指定位置就位，立于自己坐骑旁边，面朝规定方向，三角黄龙旗和大纛猎猎招展。为防止任何干扰

74

㉒　铙歌大乐，见《钦定大清会典事例》卷 540，演奏的这首特定的曲子《壮军容》，见《钦定大清会典事例》卷 540，第 7a～8a 页。也见《大清通礼》卷 41，第 13a～b 页。《皇朝礼器图式》卷 9，第 64a～69b 页，有庆祝凯旋所演奏铙歌大乐的乐器图示（见本章注㊳～㊶的相应正文内容）。也见万依、黄海涛：《清代宫廷音乐》，第 21～23、82～83 页；罗友枝："'创造'18 世纪中国的一位皇帝"，特别是第 161～169 页。大多数情况下，一支乐曲对应一种具体的仪式。

㉓　这些用金线和银线精心装饰的弓袋箭囊的说明和图示，见《皇朝礼器图式》卷 14，第 1a～b 页；也见宝尔文化艺术博物馆：《神秘世界——紫禁城：来自中国宫廷的辉煌展的展品目录》（加利福尼亚州圣安塔市：宝尔文化艺术博物馆，2000 年），第 87 页。皇帝穿戴礼仪甲胄，有内衬，上覆鎏金金属片，边镶锦缎，是"为实战而设计"，照片见格雷斯·王、吴艾坤：《清代帝王生活：来自中国沈阳故宫的珍宝》，第 49 页。这套据说在乾隆初年就开始使用的甲胄看上去与郎世宁画作（见本章注㉚及相应正文）中所描绘的那套不一样，可能是因为绘画的时间在后。它与出现在宝尔文化艺术博物馆出版的《神秘世界——紫禁城：来自中国宫廷的辉煌展的展品目录》中（第 91 页）图示的那套礼仪甲胄十分相似，这套的时间是咸丰朝（1851—1861），可能从未穿戴过。

129

仪式进程的不测，30名富于驯马经验的满洲、索伦、蒙古卫兵分配到各营，在马匹受惊时，能立刻降服它们。㉔

皇帝示意后，王公大臣行大礼，而后落座。接着，兵部尚书趋步上前，奏请恩准鸣号开操，皇帝俞允后，他回到自己的位置。銮仪使率"鸣角军"引导角兵走出队列，在御帐前先吹响蒙古大角。随即，海螺号吹响，鼓声起，鸣炮。㉕不同的队伍依次进出专门搭建的鹿角门，演练剑术、火器、射箭和其他军事技艺。兵部尚书宣布仪式结束。皇帝卸下铠甲和盔帽，各随从也仿效着皇帝，现在这些人身着半正式的礼服，随御驾回到行宫。三声炮响，军乐齐鸣。㉖仪式结束后，皇帝亲赐佳酿美食，赏赉众文武官员。

从上面描述里选取几个例子，就足以证明大阅是如何将内亚传统元素巧妙地融入原本源于中国的军礼。例如，任何人都会注意到，将战马纳入仪式具有标志性意义，既表明马匹对军事力量而言不可或缺，也表明内亚地区是马匹的来源地，且与清朝尚武精神密切相关。皇帝的礼仪盔帽，也具有类似的功能，既体现出与内亚传统的联系，同时也反映出与古代中国大一统观念的关联。除了更常见的

㉔ 索伦人属通古斯部族，早先从黑龙江地区南迁，最终归附满人。他们为清朝而战，抗击俄国，随后编入八旗。

㉕ 带有精美镶嵌物的海螺号图示，见格雷斯·王、吴艾坤：《清代帝王生活：来自中国沈阳故宫的珍宝》，第25页。此书讲到，用于发出前进和后退信号的海螺号声，尤其在礼仪表演中更是频繁响起，以至于人们创造出一个新名词，称那些废话连篇的人为"吹海螺号的"。白瑞霞：《虚静帝国：清代中国的佛教艺术和政治权威》（火奴鲁鲁：夏威夷大学出版社，2003年），第184页，详述了海螺号作为藏传佛教礼品的象征意义。

㉖ 《大清通礼》卷41，第12b～18a页。在这个时候演奏的特定类型的音乐——铙歌清乐中的"邕皇威乐章"，见《钦定大清会典事例》卷541；万依、黄海涛：《清代宫廷音乐》，第88～90页。

海螺号，蒙古角的使用，以及在军事技能的展示中射箭的突出地位——满族武功最常见的标志，也是中国古代"六艺"之一——都说明清朝可以用一些其他的方式，在汉人的行为方式中留下自己的印记。简而言之，大阅所杂糅而成的多重意义，正是新的清朝文化象征。

　　大阅至少是两幅出自宫廷画师之手的纪实性绘画的主题，宫廷画师的作用往往与我们今天官方摄影师相似。其中一幅著名的画作由耶稣会士艺术家郎世宁（1688—1766）所作，描绘的是一次大阅时的乾隆皇帝。乾隆皇帝骑着一匹花斑骏马，穿戴甲胄，佩弓袋箭囊。㉗ 另一幅大阅图，是匿名画家的绢本手卷，据档案资料佐证，应系宫廷画家金坤于 1746 年所作。手卷给人一种精致的感觉，描绘了密集排列的部队等待检阅，各色旗帜迎风飘扬。㉘ 这两幅画现藏于北京故宫博物院。尤其是前一幅，被人们由艺术画册复制到 T 恤衫上，成为清帝国在当代的标志性象征。㉙

　　乾隆皇帝写了一些有关大阅的诗，总的基调是推进文化的军事化。在一首描写 1739 年乾隆皇帝统治时期举行的第一次大阅的御制

75

　　㉗　有顶头盔，被认为是乾隆皇帝的，且与他在这幅画像中所戴的相像，现收藏于纽约大都会艺术博物馆武器和盔甲馆。然而，它上面刻的是藏文，而不是郎世宁大阅仪式画作里的梵文。大阅仪式所使用头盔的详细规格，见《皇朝礼器图式》卷 13，第 1~5 页，其中也记载了 1756 年使用了一顶新式头盔，此时新疆之役已接近尾声。

　　㉘　故宫博物院：《清代宫廷绘画》（北京：文物出版社，1992 年），图 83。

　　㉙　郎世宁的画作，见朱家溍：《乾隆皇帝大阅图》，载《紫禁城》1980 年第 2 期，第 28 页；朱家溍：《郎世宁的贴落画》，载《亚洲艺术收藏鉴赏月刊》第 18 卷 11 期（1988 年），第 80~83 页。这幅画作收录于罗友枝、杰西卡·罗森编：《清朝康雍乾三皇帝》，第 166 页；也印在了柯娇燕《透镜：清帝国意识形态的历史与认同》一书的封面。柯娇燕一书的第 271~280 页，具体讲是 272 页指出，乾隆皇帝"认为郎世宁……与战争进程密不可分"，就是因为他所绘的军事题材绘画。

诗中，他就运用了大量来自狩猎的隐喻，期望对于精良的帝国军队的赞词能传遍整个国家。有一首作于 1758 年的御制诗，将读者的注意力引向隆隆的炮声——这是清朝军事力量的明证。这些与仪式相关的文本，是除了仪式汇编和制度汇编之外，以另一种方式把军事力量的重要性嵌入文字记载的手段。它们开始出现在当时各种各样的著述中，包括御制诗集、北京历史（南苑的部分）以及皇家绘画收藏目录。这种大范围的文本"再现"使得大阅广为人知，尤其是那些编纂、耳闻以及阅读过这类作品的学者，他们本与大阅礼仪没有什么直接按触。换言之，大阅成为这一时期广泛的艺术和文学记录的一部分，扩大了这一时期重大的文化事件的影响范围，使这些重大事件充满了鲜明的清朝特性，也就是说，它们与武力和武功相得益彰。⑳

二、命将

与大阅一样，命将彰显出乾隆皇帝极为娴熟地融合文武，显然利用了分别来自或同时来自中国和内亚的合法先例。1616 年，努尔哈赤在都城赫图阿拉的堂子，也就是国家举行萨满仪式的场所，举

---

⑳　这些御制诗，见于敏中等编：《钦定日下旧闻考》，1781 年，重印本（北京：北京古籍出版社，1983 年），卷 74，第 1240～1241 页。图示，见宝尔文化艺术博物馆出版的《神秘世界——紫禁城：来自中国宫廷的辉煌展的展品目录》的封面，并不清楚这幅画的创作日期，似乎完成于 1748 年到 1758 年。皇家书画收藏目录中，大阅（1739 年举行的）仪式表演的详细描述，见张照、梁诗正等编：《石渠宝笈续编》，第 4 册，第 1871～1875 页。和这里的描述明显相关的画作，显然就是悬挂在紫禁城内重华宫的那幅，见张照、梁诗正等编：《石渠宝笈续编》，第 1 册，第 105 页。

行仪式，庄重宣告对明开战，并于黄色祭坛中焚烧"告天七大恨"檄文，历数了开战的种种原因。[31] 这一举动后来被隆重地纪念为满人获得"天命"的重要时刻，也被努尔哈赤的继任者们奉为在同类重大场合举行某种礼仪活动的先例。

正是此类意识可能促使努尔哈赤的儿子皇太极于 1636 年在新的（过渡的）清朝都城盛京的堂子举行仪式，差遣其兄弟多铎（1614—1649）和阿济格（1605—1651）出征，对明开战。后来，他又亲自为二人壮行。皇太极的仪式后来被视为清朝皇帝举行命将仪式的早期范例，但这可能是事后推崇皇太极乃是清朝首位皇帝说法的一部分，出现在所期盼的清帝国成为现实之后。无论如何，皇太极的仪式在乃父努尔哈赤的仪式和那些在 18 世纪声称是直接承袭中国古代礼仪的做法之间架起了一座桥梁。

在乾隆朝，随着皇帝稳步地沿用并不断规范其先人未有定制的做法，从而创造一种清朝的传统，命将遂有了固定形式，利用了中国和内亚的传统。清朝统治者逐渐将这些多形态的仪式视为必要的法定行为。[32]

命将仪式，有各级文武官员参加。在石钟、石磬等的演奏声中，皇帝的卤簿就位。太和殿（坐落于紫禁城，是国家举行重大典礼的

76

---

[31] 努尔哈赤统治时期这些仪式的综合描述，见柯娇燕：《透镜：清帝国意识形态的历史与认同》，第 135～136 页。满洲人在每个都城均兴建了一个新的堂子，见罗友枝：《清代宫廷生活史》，第 236 页。赫图阿拉，位于现在的吉林省（应是辽宁省——译者）。

[32] 满族礼仪与民族文化，见狄宇宙：《满族萨满仪式》，第 351～396 页。我感谢张勉治对清朝统治之下多重价值（polyvalence）这一概念的表述。早先的事件成为具体先例的时间很难精准确定，当然 18 世纪 40 年代是最晚的且是最可能的时间。无论如何，它应是渐进的过程，而非突如其来的变化。

130

场所）中设有书案，用以颁发皇帝授予的敕书。王公、贵族、官员，身着蟒袍，这是正式礼服，上面蟒的图案依据品级各不相同，还绣有象征品级的补子，按品级高低列队。㉝ 出征将领面西而立，祗候于东侧，身着戎装。礼部尚书及侍郎行进至乾清门——紫禁城的中心地带——恭请皇帝驾临。午门——紫禁城的正门，鸣钟击鼓。皇帝身着龙袍，起驾至太和殿北，遂下銮舆，进入大殿。演奏规定的宫廷乐章，直到皇帝升座；然后鸣鞭三响，乐声继续。㉞

在两侧出征官员的跪拜簇拥下，统帅经引领上前祗受敕书。敕书经在场官员人人相传后由内阁大学士在音乐的伴奏下郑重传回统帅手中。他和其他出征官员行三跪九叩大礼后，音乐停止。众人退下，鞭声再起。音乐再次奏响，皇帝起驾回宫。

出征当日，皇帝经午门前往堂子，由卤簿仪仗导引。此处，号角齐响，举行仪式，皇帝、出征的统帅与王公皆出席。然后，皇帝来到皇宫南墙长安门外特设的黄幄，就座于临时安设的御座，钦赐统帅御酒。统帅祗受，随后率其他出征官员行三跪九叩大礼。他们佩戴弓箭，向皇帝辞行，上马出发。皇帝经午门回宫，会派一位大臣在都城门外设茶酒筵宴饯行。筵宴中还有其他礼仪活动。宴毕，众官员将领再行大礼，面朝都城叩谢皇恩。㉟

同大阅的情况一样，宫廷画师受命记录命将仪式，尽可能将之

㉝ 朝服，见罗友枝：《清代宫廷社会史》，第41～42页。《清代宫廷社会史》第243页详述了萨满仪式在太和殿前的表演，反映的是努尔哈赤胜利克敌的场景。

㉞ 所用乐器的图示，见《皇朝礼器图式》卷8。音乐的演奏顺序：首先演奏"中和韶乐"的"隆平乐章"，随后演奏"庆平乐章"。见《钦定大清会典事例》，卷535，第24a～b页；万依、黄海涛：《清代宫廷音乐》，第62～63页；罗友枝：《"创造"18世纪中国的一位皇帝》。

㉟ 《钦定大清会典事例》卷412，第1a～5a页。这种情况下使用的是"法驾卤簿"。

昭示天下。例如，前面提到的佳士得的画卷，就是为纪念这一场合而作，它描绘了傅恒（卒于 1770 年）18 世纪 40 年代率军出征讨伐四川西部金川的起程场景。诸如此类的军礼，以其恢弘的仪式和壮观的场面，构成了形象记录军备和武功的理想主题，而军备和武功构成了清朝文化的核心。

三、郊劳

郊劳是总称为凯旋的系列仪式中最重要和最壮观的部分，郊劳这一术语，意思是帝王骑马出京城，欢迎由战场胜利而归的将领，奖赏并赐宴。从理论上看，郊劳源于描述周朝礼仪的古代经典《周礼》和《仪礼》，还有为孔子所作《春秋》做注的《左传》，因此具有最受敬重的中国经典起源。与命将情况一样，这种仪式也有明确的清朝先例，可追溯到努尔哈赤，他在 1621 年举行正式的活动，以庆祝攻取辽东。随着征服明帝国的战争声势日甚一日，这样的仪式几乎成了满洲人的寻常事。1627 年至 1642 年，皇太极至少 10 次骑马出迎凯旋的军队。如同我们在大阅仪式和命将仪式里所看到的一样，这些早期的郊劳仪式，很可能是在后来才被明确认作正式的军礼，以符合中国传统，当然也可能是皇太极从效忠满人的汉族文武官员处听说后，采用了这种做法。

康熙朝，在平定三藩之乱期间（1673—1681）及结束之时，先后举行过数次类似郊劳的仪式。为庆祝康熙皇帝于 1697 年击败噶尔丹，以及康熙皇帝的继任者雍正皇帝统治时期于 1724 年俘获和硕特

78 反叛头目，也举行过郊劳仪式。但是，正如其他事例中所见一样，乾隆皇帝在1749年颁布了一系列规章制度，才使得郊劳成为定制。

乾隆朝第一次重大军事胜利（历经了重重困难，并处死了两位无能、不忠的原指挥官）是1749年平定了金川。乾隆皇帝确曾正式送军队出征，如佳士得画卷所描绘的那样，但当年他并没有亲自骑马出城迎接得胜归来的将领傅恒。此次他命人代劳，而本人只是赐宴行赏，这样做或许是因为他还没有完全参透郊劳在文化运动中所具有的无限潜能。直到后来，乾隆皇帝才追认第一次金川之役具有重大意义。他将此列入晚年夸耀的"十全武功"，他也因此自谑为"十全老人"。㊱

乾隆皇帝在1749年开始制定一系列规章，为随之而来的胜利举行场面壮观的庆典做准备，使未来的凯旋仪式成为定制。从那时起，每当收到前方统帅的捷报时，他都会照例献祭天地、太庙、社稷坛、帝陵、孔庙，并正式宣读祭文。此外，纪念铭文要刻于石碑之上，立于国子监。同时，还确定了献俘、受俘等礼仪，内容是向皇帝献上战俘并请示对战俘的处置。这些仪式在第二章讨论对战争的纪念时已有所提及，下面将做详论。1749年这一年又有规章实施，进一步规定了凯旋的统帅缴还皇帝的敕书并出席御宴的正式仪式。兵部将详核材料，根据参战统帅、将领以及士兵的立功表现，提出犒赏方案，然后论功行赏。最终，在军机处设立了一个新的分支机构，专门负责编纂方略即官修战争史书，而此前都是由临时召集的资深学者编纂。这一编纂机构不但编修了之后所有重大战役的官方史书，

㊱ 见第二章。

还汇编了对前一世纪改朝换代的战争的记述。㊲

包括了完整的郊劳在内的庆祝胜利的主要仪式，标志着18世纪中叶统一新疆之役——这是乾隆朝主要的军事成就——的结束。1760年，在所有朝廷大员的陪同下，乾隆皇帝身着朝服，由令人肃然起敬的卤簿为前导，策马出京，前往设在良乡县黄辛庄的行宫。行宫位于县城外，距皇宫约三十公里。抵达后，皇帝亲赐郊劳礼，迎接统帅兆惠（1708—1764）和他的军队班师回朝，包括参战的穆斯林。搭设一顶黄幄，南向，幄内中央设御座，黄幄东西各设八顶青幄。前面专门修建郊劳台，插有旗帜，至少有些是从敌军俘获的战利品。乐师奏铙歌乐，皇帝同身披甲胄的众高级将领和选定的文职大臣，登上郊劳台，皇帝拜天，行三跪九叩礼，将胜利归为上天的庇佑，以作正式答谢。之后，皇帝在黄幄里接见每位将领。㊳

皇帝驾临，身着朝服，展示全套卤簿，携大批随从、官员和乐师出行，浩浩荡荡行至城墙外数公里的地点，毫无疑问，这一壮观景象会引起人们的强烈关注。这个政治舞台深深地吸引了所有有关人员的注意。此外，在这种情况下，胜利氛围毫无疑问地表明，郊劳的影响力超越了部队阅兵的军事展示，以及围绕着发动一场新的战争而持有的普遍的乐观主义，原因就在于它在突显了清朝文化尚武核心的同时又再次强化了它。总体而言，整个礼仪体系作为强化皇权不可分割的组成部分而得到认可，其中郊劳功不可没。仅凭文

㊲ 《钦定大清会典事例》卷413，第14a～15b页；卷414，第12b页。进一步的研究或可证明，学者们对金石学研究兴趣的复兴，或多或少地促成了清朝皇帝决定利用碑刻来推进其文化进程。这个发现，无疑也符合帝国借力独立知识分子兴趣的模式。

㊳ 《钦定大清会典事例》卷413，第15b～19a页。清初的郊劳地点是在北京西南的卢沟桥。

本、绘画和纪念碑无法做到这一点。同时，有机会分享帝国的荣耀，有助于激发对清朝新的集体归属感，这种归属感，日益可以界定为军功，以及它能够取得的胜利。

乾隆皇帝个人对郊劳兴趣浓厚，这一点从他 1776 年在第二次金川之役取胜后给阿桂（1717—1797）的廷寄中可以看出，这是一次他期待已久的大捷。从这份廷寄中可以看到，依 1749 年的规定，须在太庙和孔庙宣告战争大获全胜，皇帝因此为择定郊劳时间而煞费苦心，一方面是因为他有自己的日程安排，另一方面是因为阿桂需要在四川逗留以处理战争善后事宜。皇帝原已降旨，命阿桂务必于四月中旬抵达黄辛庄——再次郊劳之地，最终他把仪式推迟至四月底，这样所有人员有足够的时间抵达那里。

80   皇帝明确表示，郊劳仪式的目的不是表彰凯旋的将领，而是昭示他们骁勇善战的内在品质（这也暗含着清朝统治者自己骁勇善战）和非凡的忠诚与功绩，所谓"一仗顶五功勋"。换言之，得胜的清朝将领的个人荣耀是为国争光，那么郊劳则是通过将军事统帅等同于国家，从而使两者共享荣光。[39]

皇帝深知这种同一关系，他在 1755 年和 1760 年为平定新疆及在 1776 年为第二次金川之役而举行的郊劳，分别作诗留念。至少有一首（写于 1760 年）镌刻在立于良乡——黄辛庄所在地——的纪念碑上，以纪念郊劳仪式。良乡因此成为帝国史上一个具有特殊意义的地方，与帝国共荣并存。正如这首御制诗最后一句所言，碑文的

---

    [39] 见那彦成编：《阿文成公年谱》，1813 年，重印本（台北：文海出版社，1971 年），第 4 册，第 1849～1850 页（乾隆四十一年正月）；也见第 1872～1873 页时间为正月二十四日的文件，建议举行第 27 次郊劳。

文本被赋予近乎神圣的地位。它被收进良乡县志、北京史志、皇家绘画藏品目录，以及其他书籍。[40] 如此这般，清朝军事胜利的文字得以广泛传播——当然主要是精英阶层，从而强化了举行郊劳所欲传递的信息。

四、献俘与受俘

第二章已提到，献俘与受俘这一孪生仪式涉及呈献并处置战俘，专用于重大的胜利。类似的仪式自古以来即广为人知，中国礼仪传统的行家认为此与唐太宗有莫大关系，而唐太宗正是乾隆皇帝一再所说，要效仿并最终超越的榜样。献俘与受俘不仅标志着取得了重大胜利，还明确了礼仪举行的时间和空间，而这恰恰是皇帝的真正意图所在：希望军事胜利成为其统治以及与统治相关的一切事物的规定性特征。

在清朝，献俘礼与受俘礼只举行了十来次，绝大部分与在中亚地区进行的旷日持久的战事有关，最后一次于1828年举行，以纪念新疆平叛的胜利。[41] 这两种仪式是既定程序的一部分，但实际上仪式程序并非一成不变。在理论上，这两种仪式照常安排在郊劳和为凯旋大军举行的正式宴会之后，在二十四小时之内依次举行，但在

---

⑩　见于敏中等编：《钦定日下旧闻考》，卷133，第2136～2137页。

⑪　见《钦定大清会典事例》，卷414，第10b～21a页。有关庆典的御制诗（有着大量诗注）出现于18世纪晚期一部北京史中，见于敏中等编：《钦定日下旧闻考》卷10，第143～144页。也见恒慕义编：《清代名人传略》（华盛顿特区：美国政府印刷局，1943年），第68页，这里没有提到1760年的献俘仪式。

81 实践中，有时会出现次序中断或变更的情况。例如我们前面所见，1776 年，乾隆皇帝亲自为纪念第二次金川之役告捷所举行的一系列仪式选择吉日。当时，献俘礼于四月二十五日举行，而受俘礼尚未举行，皇帝就移驾黄辛庄，出席定于二十七日举行的郊劳。庆功宴在同一天举行——皇帝当着各位军机大臣的面亲自为将领们斟酒——席间还有舞蹈表演和由被俘的金川儿童演出的部落节目，也许还有用金川乐器演奏的音乐伴奏。㊷受俘礼则于二十八日举行，在献俘礼整整三天之后。㊸

皇帝有时认为，严格遵循系列庆典仪式的文字规定与固执于既定的庆典程序一样是不必要的，乾隆皇帝的上谕就曾免除大部分将领参与仪式表演，这一点在前面第二章中已有引述。1776 年，他只要求福康安（卒于 1796 年）参与，福康安那时不过是个品级不高的官员，在金川之役中一战成名。福康安后来转战各地，战功显赫，包括统领清军抗击入侵西藏的廓尔喀人。后来他在广州任两广总督。他之所以能够以这种方式出人头地，或许是因为他与正在崛起的新秀、皇帝宠臣和珅关系密切。㊹

同所有的仪式一样，参加献俘与受俘仪式官员的一举一动都有严格的规定。在献俘礼举行的当天，指派的兵部官员用拴在战俘脖

㊷ 相关描述，见庆桂等编：《清宫史续编》，1810 年，重印本（北平：故宫博物院图书馆，1931 年），卷 43，第 2b 页。宫廷音乐包含与"十全武功"有关的若干类别。其中"番子乐"由乐器演奏，这些乐器确定源自金川；这些音乐是庆功宴的特色，见万依、黄海涛：《清代宫廷音乐》，第 19 页。

㊸ 那彦成编：《阿文成公年谱》，第 4 册，第 1936～1943 页。

131 ㊹ 那彦成编：《阿文成公年谱》，第 4 册，第 1942～1943 页。和珅担任御前侍卫时引起了乾隆皇帝的注意，1775 年起大权在握。直到 1799 年乾隆皇帝驾崩，和珅一直权倾朝野。

子上的白练牵着他们，通过长安右门来到天安门。他们在太庙外门等待。他们正式宣布获得胜利和捕获俘虏，然后将战俘移交刑部接受处罚。

作为见证人，钱德明（1718—1793）神父将自己对1776年最终平定金川后举行的受俘礼的记述寄回法国。他是清廷重要的法国耶稣会士，从1751年起供职，直至1793年去世。他用生动形象的笔触，展示了极具戏剧性的仪式，值得大段引述：

> 受俘礼包括接收战俘以及对他们进行处置。为此盛举，帝国竭尽所能，尽显仪式的隆重与威严。仪式在皇宫第三进庭院举行，此外北面就是午门。皇帝端坐于设在正楼25英尺高门廊上的御座上，周围耸立着高达50英尺的建筑。皇帝旁边侍立着宫廷高官，御座前的台阶下是王公大臣。这个巨大的庭院上上下下，目力所及之处，卤簿全设，旌旗、军旗、长矛、权杖、棍棒、龙的图案、各类器械，以及笔者闻所未闻的各种图腾，分东西平行排列，一望无际。旗手和持器械者身着镶金边的红绸礼服位列前排；第二排由各部院官员组成，第三排站立着御前侍卫，整装待命。
>
> 在庭院的前部皇帝的护朝宝象排列于御道左右，身驮鎏金塔，两边各有战车。乐师们手持乐器站立于巨大庭院北部正楼的两侧，正楼上皇帝端坐于御座之上。礼部原定仪式在早上七点开始，但是皇帝在仪式前夜发布谕旨，予以驳回：他希望仪式在四点半开始。
>
> 听到铙歌大乐、金鼓全做，皇帝升座。首先，他接受行礼和祝贺，然后，有礼部官员高喊："携俘来此之将军，走向前

82

来，行礼，叩首!"合着器乐声，此礼行罢，获胜的将军们即刻退下，礼部官员立即再次高喊:"兵部官员及众将军，向前，献俘!"

　　七名不幸的金川俘囚由远及近，被带到皇帝和所有威风凛凛的众人面前，每个俘囚均颈系白练。他们前行几步，然后被喝令跪伏在地。在他们旁边立一囚笼，内有僧格桑的首级，此人是叛军首领之一，其兄亦在俘囚之中。他们身后是百位军官;其右，是五十名文官和御林军;其左，是 Tribunal des Princes 的五十位武官。在这充满了恐怖的环节中，一个俘囚——一金川统领——忍不住以一个轻微的动作以示不满，但只有那些靠近他的人才能察觉。即便如此，他与其他俘囚一起叩头，随后被即刻带入一间侧室。皇帝再次接受帝国每一位重要权贵的祝贺，然后鼓乐齐鸣，皇帝退席，对这些曾显赫一时的俘虏的命运未置一词，但是人们很快得知，他们都被处以极刑。⑤

83　　钱德明神父在记述的结尾，描述了所有这七人的处决情况，令人胆寒。他对这一使人敬畏的礼仪表演的描述，毫无疑问地表明了，清廷利用"威仪剧院"使所有在场观看的人对它的权力行使及本质无不留下了深刻印象。

----

　　⑤　钱德明:《在华传教士钱德明神父关于 1775 年苗子减少的信件》《关于征服苗子地区的其他说法》，见《北京传教士关于中国历史、科学、艺术、风俗、习惯的见闻录》(巴黎:尼翁，1778 年)，第 387～422 页。引文由我译成英文。Tribunal des Princes 是什么还不清楚，可能是指内务府。(此信的法文汉译本将其译为"宗人府"。另，此信的作者是"一位在华传教士"，信中引述有钱德明，因此作者肯定不是钱德明。再，正文此信的引文开头的两个数字分别是 52 法尺和 50 法尺。见《耶稣会士中国书简集——中国回忆录》第六卷，郑德弟译，大象出版社，2005 年，第 81～90 页。——译者)

或许值得指出的是，钱德明神父之所以获准参加这一仪式，原因之一如果说是乾隆皇帝希望外国人牢记，和大清帝国作对者皆命途难保的话，那么结果会事与愿违。读罢对受俘礼的描述，钱德明神父家乡巴黎的通信者无不义愤填膺，这就意味着，钱德明并没有对此中行为有任何誉美之词，并未因久居中国而丧失了其高贵的欧罗巴情操。法国人——全然不知仅仅几年后，等待他们中许多人命运的是上断头台——得出的结论是，清帝国的将领是"**背信弃义之徒，他们的主子是吃人魔王！**"㊻（黑体字系原文所有）

五、木兰秋狝

木兰秋狝被清朝皇帝明确定为武，与中国礼仪安排的核心——作为文的亲耕礼相对。㊼ 狩猎并没有被列入中国礼仪传统汇编中的十八种军礼之内，原因如贾宁所言，它源于内亚。中国的军礼只是间歇性举行，仅用于纪念与帝国军事战役有关的特定时刻。狩猎则不然，它定期举行，具有季节性。然而，狩猎仪式从远古起就为中国人所知，而且与军备息息相关。在一些重要方面，每年的清廷狩猎活动与其他军礼确实极为相像，都富有表演性，且它的一个主要目的是让国内外观众铭记清朝政体中军备的核心地位。总之，它是另一种礼仪形式，清朝借此撮合使它获得合法性的不同传统，使这些传统具有相互

㊻ 法兰西学院图书馆，第 1522 卷，第 154 页。在这封由伟大的亲华人士亨利·贝尔坦写给钱德明神父的信里，援引了不知名的人的话。

㊼ 秦蕙田：《五礼通考》，卷 242，第 1a～b 页；贾宁：《理藩院与内亚地区的礼仪（1644—1795）》，第 62、69 页。

依存的意义，并在这个过程中创建新的、清朝所特有的文化情势。

康熙皇帝在 1681 年确立了一年一度的木兰秋狝，并每年前往围场狩猎，战时除外，直至 1722 年去世。雍正皇帝在位期间，木兰秋狝中断，他因未能保持这个重要祖制而表示过遗憾。乾隆皇帝即位几年后重新确立了这一传统，并在他长期的统治期间举行了四十多次。许多宗室王公参与木兰秋狝，京师的部队中通过骑射等军事技能选拔者也参与其中，选拔测试在当年早些时候进行。皇帝要求内亚诸部首领轮流参加，这样做既能培育重要的人际关系，又能为这种暗含震慑意味的军事力量的炫耀聚集预期的观众。

除了显示实力，狩猎的一项重要功能是提供实战演习的机会。每年在木兰围场一个月左右的时间里，所进行的消遣活动包括模拟战、骑射表演和摔跤比赛。在各种形式的狩猎中，最著名的是由骑兵围成一个巨大的圆圈，包围猎物——有时是鹿，有时是老虎，有时是其他动物或禽鸟——并将它们赶向严阵以待的射手，这个人经常就是皇帝。㊸

为确保整个行动顺利进行，所做的供应、膳宿以及表演方面的安排规模巨大，上述军事技艺的展示，如前文所描述的各种仪式一样，娴熟高超，所需的后勤供给同样如此。参加木兰秋狝的人成千上万，他们中的大多数每年从夏都承德行军 75 英里前往木兰围场。皇帝和他的主要军事随员的活动，以及沿途搭建的座座行宫，都营造出一种非凡的景象，必定在观者中引起了巨大的震动。

与上面所讨论的其他军礼的情形一样，这种一年一度的狩猎在

㊸ 见毕梅雪、侯锦郎：《木兰图与乾隆秋季大猎之研究》（台北："故宫博物院"，1982 年），尤其是第 33～37 页；罗友枝：《清代宫廷社会史》，第 20～21 页。

宫廷画院画师的众多绘画作品中有所表现，以示纪念。木兰秋狝从而进一步扩大了皇帝所发起的艺术创作，其主要目的是吸引人们聚焦于清朝文化中军事内容的高妙以及依赖于此的高度集权的皇权。[49]

六、军礼的记录与传播

如上所见，至 18 世纪中叶，许多军礼，就像战争一样——军礼因战争才得以存在——成为钦命宫廷画师绘画的主题，意在颂扬清帝国的实力和尚武精神，并向子孙后代显示丰功伟绩。典型的例子包括上面讨论过的郎世宁、金坤所绘的两幅大阅图，几位画师共同协作完成的描绘命将的画卷，徐扬的献俘图，还有其他一些作品如郎世宁的许多作品——人们会立刻想起他所绘的骏马，以及收藏于北京故宫博物院姚文瀚的《紫光阁赐宴图》画卷。[50] 然而，这类绘画一般藏于宫里，这限制了它们作为宣传品的功效和传播范围。

一些有关军事或至少与此有关联的文本和图画，传播很广。外国传教士画家郎世宁、王致诚、艾启蒙、安德义联手为皇帝绘制了一套十六幅的《平定西域战图》。原作悬挂于紫光阁。乾隆皇帝于 *85* 1760 年在京城中心重新修葺紫光阁，专为弘扬武功和陈列纪念品，并接见外国朝贡者。这些画作的复本被送往巴黎，由所能找到的镌刻名家制成铜版画。而由宫廷传教士培训的一些画师后来在中国又

制作了许多。这些铜版画最终用来装饰帝国各地的公共建筑，并赏赐给值得授予的官员，以示皇恩。这些画作流传广泛，各地方、社会各色人等都可以看得到。

有些战图描绘了战争场面，而有的特别是上述一套十六幅的第一幅和最后三幅则与胜利相关，严格来说属于军礼。这些绘画描绘了敌人投降的场景，在紫光阁举行庆功宴的场景，还有郊劳凯旋将士欢迎仪式，以及献俘与受俘仪式的场景。

这套新疆的系列战图开创了先例。大部分此后能列入"十全武功"的战争，均由宫廷画师共同创作组画，留存于世，当然肯定不再是由耶稣会士完成的。后来的几个系列战图，所描绘的主题包括了军礼。例如，为纪念1776年平定金川叛乱而作的十六幅系列战图中的最后三幅，描绘了郊劳阿桂凯旋、午门受俘、在紫光阁为胜利者举办的庆功宴——凯旋仪式的一部分（具见前文）。而这一系列中的其他画卷差不多都表现了特定的战斗场面，这些战斗在平定抵抗清朝统治的旷日持久的金川战争中都举足轻重。另有一个系列，总共只有十二幅战图，是为庆祝18世纪80年代平定台湾而作，庆功宴是其中的最后一幅。这几个系列战图成为重要的宣传工具，因为秉承《平定西域战图》的先例，它们都被制成了铜版画，广为传播。然而，所有后来的绘刻工作均在中国完成，而不是在欧洲。㉑

㉑　张照、梁诗正等编：《石渠宝笈续编》，第2册，第806～816页，列出了有关平定新疆的十六幅战图，收录了画上的文字等有关材料，其中大部分是讴歌为战争而付出的努力。18世纪70年代后期金川之役的战图，见张照、梁诗正等编：《石渠宝笈续编》，第2册，第817页。我于1994年在北京故宫博物院看到这些资料，十分感谢聂崇正先生的帮助。台湾之役的战图，见张照、梁诗正等编：《石渠宝笈续编》，第2册，第823页。安南之役和廓尔喀之役的战图，可见张照、梁诗正等编：《石渠宝笈续编》，第2册，第827、837页。

这些图像，以及它们所承载的清朝军事实力信息，由于它们的文字内容被不断地刊印，从而得到了更广泛的传播，例如，它们被收入皇家绘画目录和御制文集，后者有着各种刊印形式。位于紫光阁后面的武成殿旁竖起众多石碑，上面刻有数百篇皇帝关于战事的评论。同为了纪念郊劳庆典而立于良乡纪念碑上皇帝的御制诗文一样，武成殿碑文里的记述也绝对权威。这些文字一再重印，广泛流传。所有石刻碑文也被做成拓片，大量复制，作为皇帝书法的范本尽可能多地进行传播，当然它们的书写内容，也是不可分割的。此外，许多碑文都提到了给清廷带来胜利的上天护佑，这赋予皇权受命于天的必然。

无论出于商业或意识形态目的，或只是为了制作效率，规模化生产在中国远非新鲜之事。雷德侯近来提出，许多中国艺术作品能够被分解成系列模件，可以而且确曾无穷尽地以不同的组合方式重新搭配在一起。大规模生产纪实铜版画或皇帝的碑刻拓片，虽然不是精确的模件化，却是由这类先例发展而来。㊾ 乾隆皇帝绝非为了意识形态目的而使用规模化生产和复制文字、图像的第一人。配有插图的佛教和儒学文本已广泛流传了几百年，16 世纪后期，明朝关于行为规范的圣谕的图解的传播经历了"好几道再造过程，从原绘制的图像开始……随后刻于石头上，制成拓片，接下来进行重新绘制，再刻到木版上以便印刷"。约同一时期，孔子的像传以多种媒介形式出现了：丝绸上的绘画、木版印刷以及石板雕刻。㊿ 在持续不

㊾ 雷德侯：《万物：中国艺术中的模件化和规模化生产》（普林斯顿：普林斯顿大学出版社，2000 年）。

㊿ 引文见柯律格：《明代的图像与视觉性》（普林斯顿：普林斯顿大学出版社，1997 年），第 50 页；孟久丽：《孔庙与圣人像传》，载《亚洲研究杂志》第 55 卷第 2 期（1996 年），第 269～300 页。

断地传播文化产品和主题的过程中，清朝借助了以上这些技艺的绝大部分：一通纪念碑在地方志中被提及，它的碑文以各种印刷文本形式再现；御制碑文会被制成拓片，而拓片又用于木板印刷。同样，有关军礼的绘画也全部被制成铜版画，其中的文字收入书画目录，等等。

在筹划以广泛多样的媒介手段宣传军事实力时，乾隆皇帝能够利用并依赖已有的先例，所以，虽然所努力追求的文化定位的变化在许多方面是革命性的，但他为达到目的所采用的方法和形式看上去并不完全陌生。通过这种方式，它们更易于被人接受。这种做法使人想起科里根、萨耶尔在讨论英国国家形成过程中文化变革起到的核心作用时所指出的："一如往常……革命性转变的实现（与消除）往往需要通过旧形式的新利用，并追溯与过去千丝万缕的联系。"(54)

通过这种大规模的生产和再生产，乾隆皇帝使自己获得了双重机会。首先，通过把他的战图送到巴黎制成铜版画，向法国人传递了清晰的信息——清朝的军事力量令人望而生畏，而经由钱德明等
87 来华耶稣会士的介绍，他对法国的实力已多有了解。其次，对于大众文化早期形式的走向——无论是让大多数人都能看到或得到，还是由"工业"技艺大规模生产，他都施加了巨大的影响。(55) 这样，清朝可以促成更多的人更加关注和崇尚武力，比以往更加尊崇军事力量，尽管大多数直接参与和观看军礼的皆为精英。大致同时，在

---

(54) 菲利普·科里根、德里克·萨耶尔：《大拱门：英语国家形成的文化革命》。

(55) 这一可用的对于大众文化的界定，出自詹姆斯·纳雷摩尔、帕特里克·布兰林格编：《现代性与大众文化》（布卢明顿：印第安纳大学出版社，1991 年），第 2 页。尽管背景完全不同，这一定义似乎也适用于 18 世纪的中国。

帝国范围内传播图像和书面文件，宣传了同样的观点，创建了一种新的文化基础，其驱动力是调配军事力量，最终目的是服务于帝国。

七、结论

到18世纪末，军礼在许多方面集中体现了清朝文化特殊的混杂性。它们确凿无疑地承载了乾隆皇帝愿望的印记：一举两得与垂世久远。首先，军礼汇聚了中国和内亚地区的礼仪传统，淡化了民族间的文化差异，使之无实质性区别。其次，通过对清朝军事力量的极具表演性的庆祝，它们为两类观众上演了展示这种力量和宣传大清帝国的重要一幕。其观众主要包括内亚藩属国臣民，也包括欧洲人和其他民族，他们所构成的长远威胁，乾隆皇帝当然心知肚明。国内观众包括了帝国各类臣民，既包括仪式的参加者和观礼者，也有目睹与上述仪式相关的绘画和文字记录的更多的观众。礼仪文本和纪念碑、纪实绘画和铜版画、碑文及拓片都与举行的仪式相结合，从而有效地传递了包含三层意义的信息：清朝、军事胜利、帝国。

最后，清朝的军礼体现了文与武的关系，而这成形于清朝战争完全渗入文化产品的时期。这种关系出现在仪式文本里，重现于油画和铜版画，扩充了音乐曲目，而且它动用了帝国大批官兵以及负责供给和转运这些官兵的人员。如第五章所述，在参与了军礼组织工作的大量学者和文职官员的著作中，到处可以见到军礼所拥有的重要意义。广而言之，学术研究——从最广泛的文学和艺术传统上说——比以往任何时候都更加关注战争和帝国的问题。即使是那些

88 想批评或嘲笑清帝国宏图大业的人，无论怎样地拐弯抹角，也不得不在同一个大的语境下表达。㊶ 从长远来看，中国人文化世界的重心转移，得力于他们的内亚诸统治者的一致推动，这在清帝国灭亡之后还得以继续存在，以微妙但深刻的方式影响着后帝国时代民族国家的本质。

㊶　见乔迅：《两位 18 世纪古怪艺术家作品中的文化、民族和帝国》，载《人类学与美学》第 35 期（1999 年），第 201～223 页。

第五章

帝国的空间变化

18世纪的中国，伴随着帝国开拓的文化运动，不仅影响了象征性世界，还延伸到了物质世界。清朝的这项政策，有计划地将一整套新的意义灌输进政治生活、实体景观和物质文化，以期人们关注并对武功与皇权产生敬畏之心。在这一有目的的文化转变计划中，人们熟悉的东西获得了新的意义：政府调整了实践与象征两个方面的定位；社会区分身份得到重构；外在环境，以及人们体验和解释它们的方法都发生了变化；文学艺术朝新的方向发展。概括而言，与从前相比，盛清（1683—1820）的这一新文化，几乎是对文和武同赋美名，平等看待，从而使得军事的观念在文化景观中，比之前的明朝更为显著，更具意义。

中国政治制度史近来研究的一个常见主题，是认识到公开表达与真实行为间存在着根本差异，即言行不一。有很多著名事例都证明了这种二分，其中就包括让许多西方人据以理解（或误解）中国的具有误导性的声明，即清朝皇帝在1792年对英王乔治三世特使做出的虚伪宣谕，表现出绝对自负，而从他的所作所为，我们知道，皇帝对外国军事和外来科技等怀有强烈兴趣。这一事件清楚地表明，我们为中国文化中的权威言辞所迷惑了。这就是说，为了了解真实情况，我们必须尽可能地关注实际发生的事情，关注更广泛的证明材料，而不只是依赖于说的是什么，写的是什么。采用这样的方法，我们就会知道，以前关于中国历史和文明的许多设想都不可信。举个简单的例子，现在我们知道，中华帝国的民法与刑法同样发达，90 中国普通百姓相当好讼，常常诉诸法律以维护自己的权益，这与以往我们的认知完全相反。在外交中，尽管中国严正声明其帝国为世界的中心，坚持要求其他国家承认它的优越地位，而事实上中国的外交政策高度务实，常常做出必要的改变以顺应环境。就贸易而言，各阶层的中国人口头上蔑视商业，事实上都积极热心于商业交换，自古以来的繁荣的海上与洲际贸易（例如丝绸之路沿线贸易）都证明了这一点。在战争中，尽管有许多提倡和平解决的辞令，但为实现政治目的，在必要时中国会毫不犹豫动武。最后要说的是，传统观点认为文对于武有着长期压倒性优势，而学者们已经开始证明，这一观点要予以充分修正。①

① 法律，见黄宗智：《清代的法律、社会与文化：民法的表达与实践》（斯坦福：斯坦福大学出版社，1996年）；外交，见卫周安：《北京的六分仪：中国历史中132 的全球潮流》（纽约：诺顿出版社，1999年），以及米华健：《嘉峪关外：1759—1864年清朝中亚地区的经济、民族和国家》（斯坦福：斯坦福大学出版社，1998年）；商业，见卜正民：《纵乐的困惑：明代的商业与文化》（伯克利：加利福尼亚大学出版社，1998年）；战争，见江忆恩：《文化现实主义：中国历史中的战略文化与大战略》（普林斯顿：普林斯顿大学出版社，1995年）；关于文武关系，见乔纳森·卡拉姆·斯卡夫、龙沛、石康、戴莹琮发表在《战争与社会》第18卷第2期（2000年）的文章。乾隆皇帝的谕旨及官方表述与事实之间的巨大差距，见卫周安：《18世纪晚期中国和西方的科技》，载《美国历史评论》第98卷第5期（1993年），第1525～1544页。

一、清朝对武的提倡

众所周知，19 世纪和 20 世纪，清代中国是西方帝国主义的受害者。而在西方到来前的两个世纪里，清朝自己在追求着一个雄心勃勃、复杂且巧妙的帝国开拓计划，虽然在结构上与西方的有别，但在外向表现与实践上，很相像。这一计划至迟在 1636 年已经萌芽，甚至早于满洲人征服中国，它在康熙皇帝（1662—1722 年在位）统治时期开始成形，在雍正皇帝（1723—1735 年在位）短暂统治时期延续，最后在乾隆皇帝（1736—1795 年在位）统治下达到顶峰，乾隆皇帝醉心于帝国目标及达至它所需的军事力量。这些皇帝通过实施一项文化转变的雄伟计划来支持大规模的军事开拓，时间越久，愿望就越发强烈。他们计划构建一种全新的、混合的清朝文化，这与帝国宏图大业密不可分，植根于满洲尚武理念。他们期望，军事胜利所带来的新的共识，崇尚军事胜利及其结果，能让中国文化沙文主义者缄口不言，同时能抵消满洲人的部分汉化。因此，我们不再自信地将关于中国历史长久以来所持的两大假设运用于这一时期，这两大假设是：文对于武的毫无争议的优势地位，满洲人完全汉化。[②] 两者紧密相关，接下来予以讨论。

清朝皇帝寻求转变他们帝国臣民的文化有两大原因。第一个是，

[②] 满语的重要性，一方面可见罗友枝：《再观清代：论清代在中国历史上的意义》，载《亚洲研究杂志》第 55 卷第 4 期（1996 年），第 829～850 页；另一方面可见何炳棣：《捍卫汉化：驳罗友枝之〈再观清代〉》，载《亚洲研究杂志》第 57 卷第 1 期（1998 年），第 123～155 页。

出于对历史重演的警觉，他们希望避免重蹈先人所犯下的错误。清人的说法是，13 世纪时，他们的祖先金朝人因适应汉人的生活方式，失去了自身的尚武特性，最终屈服于蒙古人的武力。在晚近的历史中，清朝期望从两个方面避开前朝——明朝的宿命。首先，清朝统治者千方百计阻止晚明奢靡文化的回归，清朝统治者认为，这种奢靡文化不适用于他们意欲建立的节俭型的帝国。其次，他们明白，晚明赋予政府文官太多的权力而牺牲了武官利益，这招致了对于文官的广泛不满与违抗，促成了明朝的最终覆亡。③ 清朝统治者，他们将坐稳皇位归功于军事力量，简而言之，希望调整文武间的平衡，赋予后者更大的影响力，他们是这么说的，也是这么做的。然而，这并不意味着必须要牺牲文，因为他们仍要把军事置于严格控制之下，此外，他们完全认识到了文治在帝国宏图大业的长期推进过程中起着核心作用。换言之，他们明白文武之道的关系并非相互排斥，而是一个连续统一体的两极，也就是"文德"和"武功"在其中相辅相成，最大限度地增强帝国实力。由于这些能够转化为帝国利益，清朝皇帝明白，军事开拓的胜利能为文化表达提供丰富物质条件，而更强调军事的文化，反过来有助于加深他们的臣民对于以战争为中心的清朝精神的理解。

第二个却并不是第二位的，清朝皇帝之所以如此强调"武"和军事胜利，是希望借此在治下的汉人、满人、蒙古人、藏人、维吾尔人，以及穆斯林、佛教徒等各种人群中，形成一套更密切、达成一致的"文化偏好"。清朝统治者并非要将他们的内亚臣民拉入汉文明的轨道，而是要在汉臣民中提升内亚文化价值的地位，这个过程

---

③ 司徒琳：《南明史（1644—1662）》（纽黑文：耶鲁大学出版社，1984 年）。

也是扭转通常所认为的不可避免的汉化潮流。目标就是把各种不同的文化传统聚合在单一政体之下，也就是联合并统治他们的多民族与多文化的帝国。

　　清朝将崇尚军事胜利的观念灌输进主流中国文化，这是一项长期的策略，它不是在真空建构，也并非没有遭到人们的拒斥。但无论如何，它自有大众基础，依托高度尚武、极度政治忠诚的传统（《三国演义》《水浒传》长篇小说盛行不衰就是明证），武术的流行，以猛将关羽（162—220）、忠臣岳飞（1103—1142）这样的军事人物为中心的虔诚崇拜。在最早翻译成满文的汉文学作品中，《三国演义》特别有名，频繁重印。④ 这些章回体小说会包括如下典型情节：激烈的武斗，神奇的火器，突现的神秘薄雾，血雨腥风，城墙崩塌，致命闪电，等等，背景常是为了王朝生死存亡等令人振奋的战斗。

　　这类故事，往往是说书这种表演形式的内容，对普通民众极有吸引力，这种传统信仰成为他们日常文化环境的一部分。而且，它们也同样吸引了许多精英人士，他们为准备科举考试，研究古代典籍，广泛阅读古代黄金时期的大量战争理论及运用的实例。而且，对于精英来说，文化领域的文武互动的表现远比人们想象的规模大得多，比如军事将领对艺术家的赞助，时尚美学鉴赏家赞赏装饰精美的刀剑。从更实际的角度看，学者常常对军事特别热心，这是由

92

---

　　④　关羽崇拜与清朝奠基者努尔哈赤崇拜间的关系，见柯娇燕：《透镜：清帝国意识形态的历史与认同》（伯克利：加利福尼亚大学出版社，1999 年），第 244～245 页。自 1630 年起，《三国演义》有数个满文译本，此书在八旗官员间的流行，见罗友枝：《清朝非汉语文献的出版》，收入包筠雅、周启荣编：《帝制晚期中国的出版与图书文化》（伯克利、伦敦：加利福尼亚大学出版社，2005 年），第 304～331 页，具体见第 319 页。

于他们作为地方社会领袖和政府官员，不得不频繁地应付诸如镇压土匪、对抗叛乱或是入侵的威胁，而后者就包括了满人入主中原。因此，往往认为的传统中国精英厌恶军事，是过分夸大了事实。

最后一点是，盛清帝国宏图大业的一步步实现，是许多精英人士对此普遍乐于接受的一个重要因素。明亡所导致的精英的身份危机，加之清朝将新的世袭军事管理精英——旗人——引入社会层级，这些都使得传统中国学术精英逐渐认识到，必须在教育与学术之外寻找新的途径，以使自身合法化，维持他们已习惯了的集体崇高地位。以帝国为傲以及由帝国文化工程培养的共同体的新感觉，为精英们提供了一种新的自我界定的方式。整体而言，比起抵抗，合作对精英来说更合算。⑤

到了 18 世纪晚期，战争本身事实上已经成为清朝的一种常态。17 世纪 80 年代，清朝取得王朝巩固战争的胜利后，紧接着就是一系列战争，首先是对俄国，接着是对准噶尔汗国，准噶尔汗国对内亚和中亚有着堪比清朝的帝国雄心。这些战争在 18 世纪中叶达到了顶峰，清朝从政治上控制了后来成为新疆的地区，并消灭了占据着新疆东部的准噶尔人。⑥ 从此时起，也可能更早，乾隆皇帝极力倡导军事胜利是他统治时期的主要成就的认识。到了晚年，乾隆皇帝于 1792 年开始自称"十全老人"，这来源于开列他"十全武功"的文章，除了平定新疆的战争，"十全武功"还包括 18 世纪 40 年代到

---

⑤ 见里亚·格林菲尔德：《民族主义：通往现代性的五条道路》（马萨诸塞州剑桥：哈佛大学出版社，1992 年）。这本书介绍了在其他几种民族背景下精英们为自己寻求新的定位和辩护的需求。

⑥ 见濮德培：《中国西征：清朝对中央欧亚的征服》（马萨诸塞州剑桥：哈佛大学出版社，2005 年）。

70 年代在西藏边界的战争（金川之役），18 世纪 90 年代在缅甸、台湾、安南（越南）和廓尔喀发生的战争。⑦

　　清朝有意识地重塑文化，更突显尚武精神，这从清代整个记录可以看得出来。受影响的领域包括我们所说的政府文化、穿戴规范、宗教、艺术、礼仪、文学、戏剧以及景观。在这一章中，我将论述这一文化重塑的两个方面，既包括意识形态的组织，也包括它向有形空间——也就是政府的机构与文化氛围、景观及其表现——的转变。

二、军事化的政府文化与机构

　　当清朝发动这些战争并同时开始将文化重塑得更为军事化时，政府机构是其关注的一个重点目标。他们进行了两大创新。首先就是创设了军机处。为了办理西北军务，军机处于 18 世纪初创立，后来它成为国家最高枢密班子，成员以皇帝的名义（当然始终服从于皇帝权威）高效地管理国家。相当多的军机大臣在任期间办理军务或指挥军队，他们通常在政府其他部门兼职，一些人因军功而入值军机处。可以说，文职政府开始被一个源于军事的机构所主导，这个机构从未完全丧失它的军事这一基本特性。此外，时移世易，随着作为战时经费筹措机制的捐监和卖官鬻爵日兴，每逢有军事突发事件，就会有更多的官僚得到任命。

－－－－－－－－－－

　　⑦　文本见《十全记》，收入彭元瑞编：《高宗御制诗文十全集》（熊恢考释本，台北：合记士林书局，1962—1963 年），第 671 页。

通过这样的方式，盛清军事成就与政治成就之间形成了密切的关系，文职与武职之间也有了更多的迁转。到 18 世纪中叶，一些与军事成就相关的活动，无论是加入行伍、制订战略、后勤、编纂，还是其他活动，都对仕途升迁很有帮助（如果不是必然条件的话）。学者们在撰拟皇帝钦定的这一时期官修历史的人物传记时，就明确指出这一点，比如写道"乾隆中年后，多以武功致台鼎"。有一卷传记的结尾出现了这句断语，这些人主要是《四库全书》纂修官。也就是说，军事成就的界定非常宽泛，包括了记录帝国成就从而有功于文化事业。《四库全书》总纂纪昀（1724—1805）写过一首诗《土尔扈特全部归顺》，受到皇帝的赏识，土尔扈特从俄罗斯返回清朝，这一事件被皇帝视同军事胜利。⑧

军事成就有利于仕途的升迁，使官僚机构更加"满化"，纵然满人在军机处高级职位中占优使得好像如此，但如此概括还是夸大其词了。类似地，文武事务之间，满汉人群之间，也远非绝对平等，清朝统治者很清楚这一点。他们知道（或许康熙皇帝和雍正皇帝比乾隆皇帝更清楚地知道）这种集体委任总是规范性的而非描述性的，它处处与皇权建构密切相关。此外，当军事征服成为历史，随着时间的推移，满人开始丧失应当是他们典型特征的尚武精神。因此，积极推行政府文化的军事化，并不能说明清朝皇帝就是企图在中央机构内抑汉崇满。皇帝视作文化工程精髓的尚武精神，从理论上讲是满人的特性，而不是民族身份自身。

94

---

⑧　台北"故宫博物院"，纪昀、陆锡熊传稿，文献编号：7763；也见《清史稿》卷 320，第 10772 页，感谢文朵莲提供这条材料。也见文朵莲：《乾隆辛巳科：18 世纪中国的科举、国家与精英》（斯坦福：斯坦福大学出版社，2004 年），第五章，特别是对帝国叙事的探讨。

这个问题很微妙，有时会带来意外结果。例如，18 世纪初，康熙皇帝在裁决政治纠纷时，对满人日益严苛，而对汉人相对宽大，当然很难判断这种差别对待最终有什么结果。此外，当代历史学家戴莹琮指出，甚至在清朝军事机构内部，康熙皇帝也力图创造满与汉之间的民族平衡。在军队将领中，无疑他更垂青汉人，或许部分原因是承认他们对于帝国宏图大业的重要性。汉人所起的重要作用显而易见，不仅参加了早期的征服队伍——例如汉人火器部队起着举足轻重的作用，而且参与了对晚近三藩之乱（1673—1681）的平定，而满洲军队的表现已经力不从心。雍正皇帝所创立的军机处，也是源于一些类似的民族问题。雍正皇帝希望找到一种有效率的手段，来应对政府中某些满族王公对清朝帝国宏图大业所造成的威胁，当然，即便如此，他最信任的官员，大多数依然是满人。⑨

从几位军机大臣的经历，可以看出政府文化不可阻挡地更加倾 **95**
向于尚武精神时的一些微妙之处。张廷玉（1672—1755），是早期军机大臣中少有的汉官，据说得以任命，是由于他在政治上绝对可靠。张廷玉曾经负责纂修康熙朝的实录以掩盖雍正皇帝为了继位的种种谋划，一些学者将之比拟为一场军事胜利。⑩ 另一位军机处的早期成员鄂尔泰（1680—1745），在入值军机处之前，18 世纪 20 年代担

---

⑨　康熙帝，见戴廷杰：《士与权：中国历朝文字狱一案》（巴黎：社会科学高等研究院出版社，1992 年）；戴莹琮：《强军：康熙皇帝对武职官员的优待》，载《战争与社会》第 18 卷第 2 期（2000 年 10 月），第 71～92 页。雍正皇帝和乾隆皇帝，见白彬菊：《皇帝与大臣：清中期的军机处（1723—1820）》（伯克利：加利福尼亚大学出版社，1991 年），特别是第 24～32、178～180 页；柯娇燕、罗友枝：《清史满语概 **133**
述》，载《哈佛亚洲学刊》第 53 卷第 1 期（1993 年），第 73 页。

⑩　恒慕义编：《清代名人传略》（华盛顿哥伦比亚特区：美国政府印刷局，1943年），第 917 页，此转引自白彬菊：《君主与大臣：清中期的军机处（1723—1820）》，第 184 页。

任云贵总督，在云南因改土归流而出名。后来，他负责西北的军需，最后才从事文职事务。班第（卒于 1755 年），是乾隆皇帝的蒙古族额驸 *，在战场上指挥过许多战役，先于 1739—1740 年在湖广平定苗民叛乱，然后在 50 年代中期与准噶尔作战。在二者的间期，班第出任军机大臣，同时在第一次金川之役（1747—1749）出督军饷，1754 年在西北战场也承担同样的职责。刘统勋（1700—1773），与张廷玉一样，是军机处早期为数极少的汉军机大臣之一。刘统勋担任过一些文职，1753 年升任军机大臣，但在第二年就派往西部，委以有关新疆之役的职务。后来他筹办军需事务。正如第二章所述，刘统勋也参与了帝国的文化大业（文的部分），协助书写了紫光阁功臣画像中的部分赞词。汉军机大臣孙士毅（1720—1796），先后参与了平定在台湾发生的叛乱和安南之役（成功程度不一），他于 1789 年入值军机处，显然只任职了一年。孙士毅在军事后勤上的天分，是清朝在 18 世纪 90 年代初廓尔喀之役中取胜的一个主要因素。在生命的最后时刻，孙士毅投身镇压白莲教叛乱。

军机处与军事的联系不仅限于军机大臣。军机章京，用白彬菊的话说，"委以有着高度自由裁量权的业务"，也沟通着理论上有着分野的文武两种角色。赵翼（1727—1814）就是这样的军机章京，他作为史学家闻名后世。18 世纪 50 年代后期，赵翼身为军机章京，工作包括草拟军事文书，由军机处发往平定新疆的西北前线军队。1768 年，他在入缅甸的清军中服役一段时间，后来调往协助 1787—1788 年的台湾战事。他的著作包括一部有关清朝战争的重要研究著作《皇朝武功纪盛》，这部书的编纂借助了他的个人经历以及他

---

    * 此班第与乾隆皇帝的额驸班第不是一个人。——译者

对官方态度的熟知。赵翼还参与了方略馆主持编纂的《平定准噶尔方略》。⑪

　　方略馆是军机处的数个附属机构之一，于 1749 年正式成为常设机构，军机处早期分散各处的档案和出版职能都归并于这一个机构。⑫ 这些出版物以军机大臣之名发表，实际上大部分工作是由大批学者、抄写人员、翻译人员等完成。他们撰写了许多卷帙浩繁、内容详尽的 18 世纪官方战争史书，当然是从对自己最有利的角度来描写。清朝宫史和一统志这种书籍的编纂，也都突显了清朝的胜利。

　　方略的编纂以多种方式沟通了文武间的分野。通过编纂方略，那些主要荣誉为军事成就的人（通常是现任或未来的军机大臣）就有了宣称文学成就的机会。相反的情况也有，对于学者，包括学术界一些最著名的人，通过加入弘扬军事胜利的帝国宏图大业，获得了新的国家认可的文学功绩。军机大臣、出将入相的舒赫德就是这样的例子，他是参加过数次战争的老将，名字在许多方略中出现，在记述 1774 年镇压山东教民起义的方略中，位列正总裁。与此相反，委派编纂方略的学者包括王昶（1725—1806）、陆锡熊

96

---

⑪　引文见白彬菊：《君主与大臣：清中期的军机处（1723—1820）》，第 201 页。班第、鄂尔泰、刘统勋、孙士毅、赵翼的履历概要，分别见恒慕义编：《清代名人传略》，第 15～16、601～603、533～534、680～682、75～76 页。历任军机大臣，见钱实甫编：《清代职官年表》（北京：中华书局，1980 年），第 135～156 页。也见文朵莲：《乾隆辛巳科：18 世纪中国的科举、国家与精英》，特别是关于孙士毅、赵翼，以及关于赵翼的军事写作；濮德培：《中国西征：清朝对中央欧亚的征服》，第 500～501 页。18 世纪晚期帝国最有权势的人或许是皇帝的宠臣和珅，他从御前侍卫一职起家，他唯一的战地经验是早年参加了镇压穆斯林起义的一次简短而损失惨重的突围，他在乾隆皇帝统治晚年大部分时间作为老资格军机大臣，之后再也没有上过战争前线，然而毫无疑问，在后来的战争中，他对战略决策和人员调配起到了重要作用。

⑫　方略馆，见白彬菊：《君主与大臣：清中期的军机处（1723—1820）》，特别是第 225～228 页。

(1734—1792)，王昶是特别知名的学者、诗人、官员，陆锡熊是
《四库全书》总纂之一。方略除了官方主办外，投入方略编纂的士
人众多，选人常常是高标准，都为这些著作增强了权威性和影响
力，也使这些军事行动铭记于这些史书的编纂者心中。所有这些
情况，再加之本身就是清朝的文献，它们就必然对文化规范有着
影响。因此，这一融合文武的模式，有助于开启地位与身份概念
化的新方式，也标志着重塑固有文化形式，从而更加强调军事
主题。⑬

　　这也渗透到更多的文献之中，反映了人们行为的公私界限日益
模糊。学者们参与编写方略以及其他关于战争和帝国建设的大型编
纂物，如刻画新征服民众的民族志，帝国新的疆域的志书，多语言
字典，他们开始在自己的私家著作中描写战争与帝国。前文提到的
文人王昶，《平定两金川方略》的总纂，就是表现这一趋势的例证。
他卷入一起腐败案件，作为惩罚，被派往阿桂幕中效力，阿桂是当
时的名将。王昶随他先参加了缅甸之役，然后参加了四川西部的第
二次金川之役，王昶在家中撰写了在前线的经历，并且写有这些经
历的日记。毋庸置疑，他在指导方略的纂修时也运用了自己的第一
手知识。纪昀代表的是另一种模式，身为学者，他由于牵连进上述
王昶的同一起腐败案件，被流放至已经统一了的新疆这一荒凉的西
部边陲，他描述了新疆并将它写进自己的文字作品，成为常见的主
题。当清朝军事行动和帝国开拓进入王昶、纪昀等主流文人的作品

⑬　例如傅恒等编：《平定准噶尔方略》；来保等编：《平定金川方略》；舒赫德等
编：《钦定剿捕临清逆匪纪略》；王昶等编：《平定两金川方略》。在陆锡熊传稿的结尾
处出现了前面注⑧正文的评论。

时，它们成为这一时代文化中已被吸纳的因素。⑭

与上述这些趋势相关的，是尚武观念在清朝政府"风格"中日益得到推崇。这一"风格"包括维持常备军，面对危机时喜欢大规模动员。王国斌最近将18世纪中国政府描述为"战争驱动"，也就是由军事化管理所保障，此论断用在这里很贴切。这一观点认为，对于时常发生的危机的处理，如洪水和饥荒的救济，投入的巨大努力在组织上类似于战争时。⑮ 除了这些危机，还可以加上皇帝的几次南巡，它大规模的后勤保障，被有意识地构想成和平时期的军事战争表现，也设计成有形的提示，让人想到内陆亚洲的武功。的确，乾隆皇帝对于将皇权及其神圣光辉扩展到北方（首都在此，这些都顺理成章）之外，明确把南巡的意义等同于军事胜利，都是他统治时期的成就。⑯ 总之，通过以军事成就作为政治实力的主导因素，

---

⑭　王昶：《蜀徼纪闻》，收入王锡祺编：《小方壶斋舆地丛钞》（上海：著易堂，1877—1897年），第8帙，第6a～21a页；《滇行纪略》，收入王锡祺编：《小方壶斋舆地丛钞》（上海：著易堂，1877—1897年），第10帙，第233a～240b页；王昶的书札包括写自前线的信件，见他的《春融堂集》，1807年，重印本（珠溪文彬斋，1892年），卷30～32。纪昀关于新疆的作品，见他的《乌鲁木齐杂诗》，收入《借月山房汇钞》（无出版日期），重印本（台北：艺文印书馆，1967年）；还有他的《阅微草堂笔记》（北京：无出版地点，1800年）；也见卫周安：《清朝中期的流放：放逐新疆（1759—1820）》（纽黑文：耶鲁大学出版社，1991年），第155～162页。

⑮　王国斌：《中国政府的千年之变》，提交哥伦比亚大学东亚研究所论文，1999年。有人可能会认为，这是20世纪30年代蒋介石的法西斯运动和中华人民共和国初期群众运动的先驱。

⑯　《御制南巡记》，收入萨载编：《钦定南巡盛典》（《四库全书珍本》，第11集），卷首，第1b页。皇帝的这一观点被许多学者引用，包括左步青：《乾隆南巡》，载《故宫博物院院刊》1981年第2期，第22页；何慕文：《文献与肖像：康熙与乾隆南巡图》，载《菲比斯》第6卷第1期（1988年）；"乾隆时期的中国绘画"专辑（周汝式、布歌迪编，亚利桑那州菲尼克斯：菲尼克斯艺术博物馆，1988年），第184页注释10。南巡的一项重要研究，见张勉治：《马背上的朝廷：中国满族王朝统治的建构（1751—1784）》（加利福尼亚大学圣迭戈分校博士论文，2001年）。

通过把政府运作视同军事行动，清朝统治者使军事气息弥漫于政治文化。这些重点转变所带来的影响在官僚机构上下和整个帝国随处可见。

三、八旗制度

清朝时另一项主要制度创新是八旗制度，它始于入关之前，远远早于军机处的创立。八旗制度是一种军事和管理体系，事实上产生了世袭贵族，类似于以拥有各种荣誉为基础的汉人文职精英。众所周知，八旗的基本组织为八个独立的旗，每旗包括满洲、蒙古和汉军，汉军是明朝灭亡前加入满洲事业的原北方汉人。清朝维持着一支主要来自八旗的常备军，包括驻扎于全国各地的驻防部队和部署于各场战役的军队。然而，随着时间的推移，许多旗人后代不再与军事有真正的联系，事实上失去了他们的精英地位。而此时，一些汉人或通过收养，或通过升迁，或通过谋取私利的各种花招，成功地渗透进八旗。因此，实际上很难以任何有意义的方式将个人按民族称谓分类。然而关键在于，不论旗人个人及家庭到底是什么样的社会地位，从整体来看，八旗的创立把一个以军事为依托的社会组织嫁接到现存的社会阶层之上，从而改变了中国的社会结构。

此外，在乾隆时期，汉军的地位逐渐下降。皇帝日益把他们排除在旗人特权之外，满洲、蒙古八旗能够专享更多特权。在此背景下，军机大臣孙士毅的例子就很有启发性，他的经历前文已有概述。出于某种不太清楚的原因，孙士毅表达了入旗的遗愿；这一请求得到准许，和其他死后的荣誉一同赠予他的孙子，但很快就被取消了。孙士毅的愿望可能表明了这样一种情况，即清朝成功地在汉人臣民中间激发起了他们的向往，他们不只渴望获得旗人身份，而且渴望身在军事管理层能带来更优越的社会地位。⑰

　　无论是在北京还是在各省，二十四旗的旗人都居住在由围墙隔开的驻防区域，这些场地正好坐落在城市的中心。欧立德已指出，旗人被安排在皇宫周围提供保护，这同战场上士兵的帐篷围着皇帝的御幄一样。也就是说，驻军城市的组织形式，对于内亚传统以及安全的考虑，与中国城市规划通常的风水考量，是并重的。中央政府划拨大量经费以维持八旗制度，使旗人的隔离更加显著，成为民族身份的标志。称作"满城"的这些围起来的空间，专供驻防的军官、士兵及其家人使用。在这些人中，旗人个人被安排在不同的住处，依据的是各旗应该所处的不同方位，这与标准的战斗阵型相类似。罗友枝在对北京的描述中说，各旗分别占据内城的不同区域，两黄旗占据西北和东北，两白旗占据正东和东南，两蓝旗占据正南，两红旗占据正西与西南。它们分为左右两翼。右翼为正黄、正红、镶红、镶蓝，左翼为镶黄、正白、镶白、正蓝。全国每一处驻防地都是如此安排旗人的住处。⑱

_99_

────────────

　　⑰　欧立德：《满洲之道：清朝的八旗与民族认同》（斯坦福：斯坦福大学出版社，2001 年）。汉军与民族认同，见柯娇燕：《透镜：清帝国意识形态的历史与认同》；孙士毅，见文朵莲：《乾隆辛巳科：18 世纪中国的科举、国家与精英》，第 180～195 页。
　　⑱　欧立德：《满洲之道：清朝的八旗与民族认同》，第 103～104 页；罗友枝：《清代宫廷社会史》（伯克利：加利福尼亚大学出版社，1998 年），第 27 页。

在一些地方，驻防地作为满洲人占领的标志，其意义一目了然。例如，在前明首都南京，驻防地起初就坐落在前朝皇宫的区域；而在西北边疆，满汉双城成为清朝开拓的显著标志。然而，时移世易，许多八旗驻防城市日益融入日常生活的景观，如此一来，可以说，物质领域的军事化就显得很自然了。⑲

八旗驻防地是政府文化转变与物质景观转变的交汇点。在这一章剩余的篇幅中，我探讨的是，清朝用什么样的方式通过转变自然景观和人工景观，来实现有形的物质领域的文化重塑，并揭示这种方式的意义。

四、景观的军事化

清朝是运用各种叠加的方法来实现景观转变的。这些方法包括创立全新的自然景观，以及在现有的景观之上建设新的结构。甚至是不用新的建造，此种类型的转变是给现有景观附加新的意义，例如通过确保它与特别事件或礼仪保持长期的联系，或通过吸引人们新的注意力，或通过皇帝曾驾临这一事实为景观和地点赋予新的含义。第四章已指出，其中一些技巧使人强烈地联想到法国国王路易十四的做法，他将军事领域的设计技术和工程技术应用于建设凡尔赛花园。清朝皇帝和路易十四，都希望吸引国内外的注意，关注他

---

⑲ 南京，见乔迅：《清初江宁的明朝宫殿与皇陵：王朝记忆与历史的开放性》，载《帝制晚期中国》第20卷第1期（1999年），第12页；西北边疆，见高贝贝：《长城之外：中国边疆的城市形态及其转变》（斯坦福：斯坦福大学出版社，1996年），第174~175页。

们的军事力量以及军事力量在缔造令人畏惧的新的国家中的核心角色，但我们不能确定，他们在追求这些目标时，是否意识到了对方的存在。⑳

　　或许盛清最引人注目的景观转变，就是帝国边境扩展到了前所未有的最大范围。皇帝迅速采取措施，用制作地图的方式来描绘他们的征服，从而通过文本表达来确认征服的永恒。在最早和最著名的地图绘制中，耶稣会士用十多年时间绘制了一幅钦定帝国地图。地图于1718年完成，当然，紧随着新的征服，给地图绘制新的内容。尽管出于安全考虑，这些地图并未广泛传播，以致所使用的技术并未立即产生影响，但这些地图所包含的一些信息几乎同时出现在人们相对容易看得到的类书之中。同时，在18世纪，中国地图绘制者也制作了一些"世界地图"，其中包含了由清朝军事征服所引起的帝国轮廓的变化。这种地图的每个版本，开篇都是模式化表述，宣称清朝治下的疆域前所未有。此外，欧洲地图绘制技术不仅是实用的，也带有修辞的意义，因为它们用一种更多人易懂的语言指出了清帝国疆域空前广大这一点。也就是说，甚至那些不认识汉字的人也可以理解这些地图所要表达的内容，即既宣示了领土主权，又展示了帝国实力。这样，地图绘制者将文本上和视觉形式上疆域的开拓与军事成就权威地联系在一起，从而不仅创制了"世界"的新图景，也因此能使变化了的帝国景观永久正常化，这显然是完全有意识的做法。在这里，必然会提出受众的问题；虽然很难精确地评估18世纪中国人接触这些

100

------

　　⑳　见钱德拉·慕克吉：《领土野心与凡尔赛花园》（剑桥：剑桥大学出版社，1997年）。

地图的情况，但学者们认为一些地图可能得到了相当广泛的传播。最后，大部头的图解民族志描绘了被征服的人群，这构成了一种变相的制图事业。[21]

清朝统治的一个显著的特点，是维持多京制。罗友枝已描述过，这种做法源于更早的"异族"帝国，如辽、金、元，是为了追求重要的目的：皇帝可以在不止一个地方现身。清朝所有的都城都坐落在北方，这一事实可以用来支持以下论点：皇帝南巡，还有其他出巡活动，至少部分原因是有意识地让全国各地能感受到皇权的存在。[22]

清朝的开创者努尔哈赤（1559—1626）并没有同时设立多个都城，但在 1587 年到 1625 年之间他多次迁都，1625 年定沈阳为都城（这就是盛京，满文是 Mukden），满洲人从这里出发征服中国内地。努尔哈赤及儿子皇太极都埋葬在此处精心建筑的陵寝中，陵寝成了后代清朝皇帝重要的祭祖地点。甚至在 1644 年迁都北京后，盛京一直是都城，当然与北京及承德避暑山庄（热河）相比，不那么重要。康熙皇帝与乾隆皇帝都数次前去盛京，拜谒祖陵，表明了盛京持久的声望以及对帝国的意义。这些向北的巡幸，不如南巡那般排场、引人注目，称为"东巡"，表明了盛京作为帝国"神圣空间"，继续

㉑　见司马富：《绘制中国的世界》，收入叶文心编：《中国社会的景观、文化和权力》（伯克利：东亚研究所，1998 年），第 52～109 页，具体见第 82 页；河罗娜：《清朝的殖民事业：近代早期中国的民族志和制图学》（芝加哥：芝加哥大学出版社，2001 年）。感谢司马富为我提供了这一信息（私人交流，2000 年 7 月）。

㉒　罗友枝：《清代宫廷社会史》，第 18～19 页。罗友枝引用的是夏南悉《中国帝都规划》（火奴鲁鲁：夏威夷大学出版社，1990 年）第 166～167 页，她指出，明朝开国皇帝试图建立多京制，但是由于种种原因，无法实行。赫图阿拉和盛京的都城情况，见斯达里等：《追寻满族文化（1644—1994）：征服北京后的 350 年》（威斯巴登：哈拉索维茨-维尔拉格，1995 年）。

有着重要地位。乾隆皇帝有意识地利用了帝国空间，在 18 世纪晚期开启了对盛京宫殿的大规模整修和扩建。㉓

盛京皇宫由努尔哈赤和皇太极建造，它提供了在清帝国开拓初 *101*期将军事意义融入建筑的极好例证。建筑的军事化（这一现象绝不只见于满人建筑，也不是满人的发明），在宫殿三大主体部分的东路最为突出。在宫殿的这一部分，有一座八角形建筑——大政殿，位于十座亭子即十王亭之首，庭院两侧各分布五座亭子。见图 5。㉔ 其中的八亭分配给各旗，另两亭分配给左右翼的指挥官。大政殿的八角形状让人想起努尔哈赤早期临时都城东京（靠近辽阳）所建造的一座建筑，或许它也有意在一定程度上让人联想起八旗这一军事管理体制。人们也可以推测，它同时刻意参照了辽皇室所喜爱的有特色的八边形。10—13 世纪的辽帝国与现在满洲人控制的一部分土地相重合。这么做也意在使皇太极的帝国抱负合法化。换言之，关乎皇帝威严程度的建筑风格符合军事主题，更增添了军事色彩。也有人提出，几近平行的亭子布局，有意比拟汉字的"八"，进一步意指八旗。无论如何，这些建筑的安排和形状都用物质形式象征并具现了清朝早期统治者与他们军事设施之间的密切关系，并

㉓　铁玉钦、王佩环编：《盛京皇宫》（北京：紫禁城出版社，1987 年），特别是第 284～326 页。康熙皇帝正式巡幸盛京三次，雍正皇帝未去过那里，乾隆皇帝去过四次（《盛京皇宫》，第 436～438 页）。也见铁玉钦、王佩环：《试论康熙东巡的意义》，载《故宫博物院院刊》1988 年第 4 期，第 3～9 页。

㉔　见纳瑟·雷贝特《开罗的城堡：马穆鲁克王室建筑新释》（莱顿：布里尔出版社，1995 年），特别是第 292～294 页，讲到 13 世纪末 14 世纪初马穆鲁克统治下开罗建筑的军事化，具有讽刺意味的是，部分原因是庆祝抗击基督教十字军与蒙古人的胜利。当然，人们也很容易找到罗马及其他帝国类似的军事建筑与军事化建筑。

且为后来清朝用建筑形式表现尚武和帝国实力提供了早期先例。㉕

进一步来讲，盛京皇宫用建筑的形式表达了文与武的相互关联。这种文与武的有形混合绝非新鲜做法，而是可上溯到中国和内亚传统。因此我们发现，盛京皇宫大门两边的两座牌楼，建于 1637 年（在 1636 年皇太极宣布建立清帝国后不久），与北京紫禁城的有几分相像。在盛京，两座牌楼分别立匾，东边为文德坊，西边为武功坊；北京紫禁城有两个殿，东边为文华殿，西边为武英殿。这一布局最迟可以上溯到明朝。因此，这种用建筑表达文与武的平衡，让人想起汉人的传统，但是正如大政殿的八角形状，鉴于同样的先例也可以在早期非汉帝国（如辽朝）的建筑布局中找到，这可能是有意为102 之，更富意义。此外，大政殿和十王亭的布局可能有意识地反映了早期满洲统治的共治特性，标志着八旗在努尔哈赤崛起中扮演了关键角色，也便于努尔哈赤与各位旗主之间的交流，而旗主最初都是要求分享权力的家族成员。㉖

㉕ 20 世纪 90 年代所摄十王亭与大政殿的照片，见斯达里等：《追寻满族文化（1644—1994）：征服北京后的 350 年》，第 18～19 页；铁玉钦、王佩环编：《盛京皇宫》，第 43 页；也见弗雷德·德雷克：《作为象征性建筑的盛京皇宫与努尔哈赤陵寝》，收入陈捷先编：《第三十五届国际阿尔泰学会论文集》（台北：汉学研究中心），1992 年，第 89 页；保拉·斯沃特、巴里·蒂尔：《努尔哈赤与皇太极的宫殿和陵寝：满人采用并适应汉人建筑》，《亚洲艺术》第 18 卷第 3 期（1988 年），第 150 页。夏南悉：《辽代建筑》（火奴鲁鲁：夏威夷大学出版社，1997 年），第 322～323、358、363 页，关于辽代八角形建筑的意义。

㉖ 武英殿与文华殿的混合文武，见文朵莲：《乾隆辛巳科：18 世纪中国的科举、国家与精英》，第 178 页。辽代中京（在今河北省）汉地文武官员的衙署座落，见夏南悉：《中国都城规划》，第 127 页。非常感谢刘一苇（Cary Liu）在私人通信中为我指出了明代的先例（2000 年 7 月）。盛京，见傅雷：《规划承德：清帝国的景观事业》（火奴鲁鲁：夏威夷大学出版社，2000 年），特别是第 105～107 页。盛京皇宫与北京更类似的地方在于，它也有着同心的内城和外城，且呈南北向。

图5 沈阳的大政殿

柯立梅拍摄。

在盛京，有着军事和帝国隐义的不只局限于上述的宫殿及八旗建筑。1635年，皇太极开始建造一处大型的藏传佛教寺庙与佛塔建筑群，用以祭祀玛哈噶喇，也就是大黑天神，大黑天神的战斗力量和威猛护佑与蒙古皇权传统及其在这一地区的威望有关。这些公共工程为宣扬皇帝的虔诚，也为确认清朝实力提供了关键手段。另外，它们还作为皇太极支持藏传佛教特别是大黑天神信仰的具有纪念碑性的证据，重申了意在继承蒙古帝国的特别遗产，最关键的是对它的尚武精神以及关乎宗教的政治关系的继承。简言之，皇太极的帝国诉求需要他继承这种"喇嘛—施主"关系，是这种关系使得忽必烈（1215—1294）能够从1279年统治中国直到去世，通过与八思巴喇嘛一起结成世俗与宗教关系，控制着西藏，这一点已在第三章做过描述。满洲人在1634年击败蒙古人领袖林丹汗（1604—1634），断送了他的霸业，而最初为八思巴所铸的一尊大黑天神金像被送往

103

都城盛京，它在那里成为清朝居于中心地位的形象。这一形象与象征意义对于蒙古与西藏最终为清朝所统治是至关重要的。同宫殿一样，这一寺庙的建设时间（1635年）表明，清朝的政治与宗教抱负很早就浮现了出来。不管皇太极及继承者是虔诚的信仰者还是只顾自身利益的政治家，他们都敏锐地抓住了左右臣民信仰为他们自身目标服务的政治功用。

大黑天神建筑群的主庙是实胜寺，这是为了纪念满洲统治者的军事胜利，符合中国建筑实践的某些原则（如坐北朝南），但同时某些建筑，如分布丁盛京四个方位的四座附属寺院，似乎是源丁印度的寺庙设计艺术等其他传统（大黑天神最初是印度的神祇）。这四座寺院，是整个建筑群的组成部分，每座寺院都有汉字碑文，重申其意图，祈祷佛教神祇保护和支持新生的清帝国。这一建筑表达了佛教的宇宙秩序，歌颂了他们的"开国皇帝"皇太极承继身为佛教传统中的世界君主，也就是转轮王，这种传统在第二章已有论述。这一专门修建的神圣空间明确与尚武、宗教热情和帝国有着联系，这是再清楚不过了。㉗

另一处有着帝国隐喻的重要宗教场所是山西省的五台山，它被认为是政治上非常重要的佛教形象——文殊菩萨的道场。清朝皇帝称自己是文殊菩萨的现世化身，之前的忽必烈和明永乐皇帝都如此宣称过。皇帝们特别喜爱五台山上与文殊菩萨相关的寺庙群，多次

㉗ 见塞缪尔·格鲁普：《清初满族皇帝的崇拜：盛京供奉大黑天神寺庙的文本与研究》（印第安纳大学博士论文，1980年），特别是第155～161页。八思巴的大黑天神金像及流传，见白瑞霞：《虚静帝国：清代中国的佛教艺术和政治权威》（火奴鲁鲁：夏威夷大学出版社，2003年），第23～26页。也见艾米·海勒：《达赖喇嘛的伟大护法神》，收入弗兰索瓦丝·波马雷特编：《17世纪的拉萨：达赖喇嘛的都城》（霍华德·索文森译，莱顿：布里尔出版社，2002年），第81～98页。

巡幸，慷慨捐赠。这样，他们就为这处古老的圣地赋予了新的意义；为了阐明这一点，康熙皇帝亲自或至少是同意以用他的名义撰写地方志《清凉山志》的序文。[28] 如同宣称受盛京的大黑天神护佑一样，成为文殊菩萨的化身，对清帝国的诉求来说举足轻重，因为这意味着满洲统治者已经取代蒙古人，成为忽必烈的合法继承人，而现在满洲人所辖疆域正是忽必烈的势力曾经所及之地。[29]

对支持清朝拥有天下统治权的寺庙的建设、祭献以及发展的关注，贯穿了整个 18 世纪。这一时期的另一处藏传佛教重地是雍和宫，这里先前是雍正皇帝的藩邸，也是乾隆皇帝的出生之所。乾隆时期，位于北京中心地带的雍和宫成为帝国第五大藏传佛教圣地，在这里，皇帝竖起一通关于藏传佛教的著名石碑，上刻《喇嘛说》。碑文用四种语言写就，每种针对各自的受众都做了细微的调整，严辞训责任何批评和妨碍帝国在宗教与世俗领域享有对藏传佛教统治权的人，并声称国家在处理各族问题上会平等对待。[30]

104

清朝皇帝认识到了场所的力量，这在盛京、五台山、雍和宫有着生动展现，也在南京荒废的前明宫殿表露无遗。康熙帝有意不修复此地，因为他希望对之注入一种新的充满政治色彩的意义。尽管康熙皇帝在 17 世纪 80 年代拜访南京的皇宫废墟和明皇陵，表面目

---

[28]　镇澄编：《清凉山志》；这一序文也为孙文良等的《乾隆帝》（长春：吉林文史出版社，1993 年）所引用，见第 171～174 页。

[29]　见塞缪尔·格鲁普：《清初满族皇帝的崇拜：盛京供奉大黑天神寺庙的文本与研究》，第三章。

[30]　见费迪南德·莱辛：《雍和宫：北京藏传佛教寺院文化探究》（斯德哥尔摩：中瑞考察团，1942 年）；白瑞霞：《虚静帝国：清代中国的佛教艺术和政治权威》，第 34～36 页；何伟亚：《怀柔远人：马戛尔尼使华的中英礼仪冲突》（达勒姆：杜克大学出版社，1995 年），第 38～39 页。

的仅是一种致意姿态,但他利用这一机会表明与祖先所取代的前朝皇帝们的关系,吸引人们关注清朝实力。这是一种精妙、老道的方法,清朝为达到自己的目标而将一地点动员起来,否则,由于此地与明朝关系密切,很可能助长颠覆活动。[31]

我们把注意力从前明都城南京转到清朝的夏都承德避暑山庄,可以找到更加显著的例子——改变地形制作人造景观,有意识地表达特别含义。清朝皇帝每年在承德度过数月,把它从一个在文化上无关紧要的边远之地改变成为微缩版的帝国。承德避暑山庄包括仿建的西藏拉萨建筑与景观,专门供奉文殊菩萨的寺庙,还有类似蒙古草原和南方景点的人造景观。这样,通过重建来自整个帝国的著名地标、景观,以及再次重申与文殊菩萨之间的关系,清朝皇帝找到多种方式去表达他们对于全国各地的领导权,重申他们与藏传佛教之间的紧密关系以及从中获得的合法性,同时宣传了他们技术上的成就。这种仿建建筑物的做法对于中国文化传统来说并非完全陌生,它至少可追溯到秦始皇(公元前221年—公元前210年在位)时期,而清朝的做法,范围之广,包括的事例之多,藏传佛教倾向之强烈,都标志着一个崭新的开端。以这种方式,清朝给出了自己在历史上(过去和未来)的定位,就是创建了一个帝国,许多方面都是典型中国的,而同时通过公开吸收其他传统的因素,远远超越了汉人曾经取得的任何成就。[32] 这种转变代表了新的清朝文化的精髓。

---

[31] 乔迅:《清初江宁的明朝宫殿与皇陵》。

[32] 安娜·萨耶:《热河寺庙及其西藏原型》(巴黎:文化研究出版社,1985年)。也见米华健、邓如萍、欧立德等编《新清帝国史:内陆亚洲帝国在承德的形成》(伦敦:劳特利奇/柯曾出版社,2004年)中的文章。也见傅雷:《规划承德:清帝国的景观事业》。

我们在第二章已看到，盛清皇帝也在承德建造寺庙，竖立纪念当 **105**
时军事胜利的石碑，以教化定期来这里朝觐的内亚王公。这些建筑中许
多都包括巨大的纪念碑，上刻多种语言的御制文。巨大体量并得到皇帝
的钦准，都使得它们在物质上和隐喻上发挥了改变景观的中心作用。㉝

　　在承德以北约 120 公里，坐落着皇帝的木兰围场。1681 年到
1722 年，康熙皇帝几乎每年秋季都在这里进行大约一个月的狩猎
（只有因战争他才会错过每年的狩猎），乾隆皇帝在他的长期统治期间
也在这里举行了超过 40 次狩猎。两位皇帝都明确把狩猎视作和平时
期的军事训练的替代物，特别是乾隆皇帝，如此强烈地关注军事，部
分归因于他不像祖父康熙皇帝，没有御驾亲征过，他主政时期的战争
是为了开拓而非保卫帝国。围场被专门保留起来用于狩猎，它的名称
事实上已是满洲军事技艺展现、检阅和排演的同义词。从康熙皇帝与
乾隆皇帝在木兰围场所度过的时间看，差不多可以说围场是清朝的陪
都，它的特别之处是尚武，而不是崇文。此外，皇帝及其扈从，从北
京到木兰围场类似于一场行军，跨越的距离很长，要持续走一个月之
久。这一皇帝的行程需要的后勤安排要做到军事般准确，并密切关注
细节问题。对于每年都有大批皇帝扈从（侍者、官员和军队）穿过其家
乡的人来说，这些就是对帝国建立在军事实力基础上最好的物证。㉞

　　㉝　这种情况下御笔的重要性，见乔迅：《康熙皇帝的笔迹：书法、书写与皇家
权威的艺术》，收入巫鸿、蒋人和编：《中国视觉文化的体与面》（马萨诸塞州剑桥：
哈佛大学出版社，2005 年），第 311～334 页。
　　㉞　罗友枝：《清代宫廷社会史》，第 20～21 页；贾宁：《清前期的理藩院与内亚
礼仪（1644—1795）》，载《帝制晚期中国》第 14 卷第 1 期（1993 年），第 60～92 页；
毕梅雪、侯锦郎：《木兰图与乾隆秋季大猎之研究》（台北："故宫博物院"，1982 **136**
年），第 35 页；卫周安：《18 世纪中国的纪念性战争》，载《现代亚洲研究》第 30 卷
第 4 期（1996 年），第 869～899 页。

如第二章所述，战争纪念碑竖立在全国许多地区：在北京和承德的宫殿中，在战场所在地（特别是在帝国边缘地带）为纪念战争而建的祠庙中，以及在新征服的地方，如新疆、西藏。纪念碑的激增永久地改变了景观的外貌。同时，纪念碑上逐字雕刻的文本内容，意在为团结操各种不同语言的受众使其成为一体而奠定基础。如前所述，宣传帝国战争的最新成就，不限于勒石：纪念碑，包括整个碑文，也被绘入画作；碑文也拓成书法卷轴张挂起来，装饰皇宫的殿阁，记录在多种目录以及绝大多数文人能接触到的其他文献中。

106 京城内外的许多地方让人一看见就联想到清朝对武力的推崇，进而联想到帝国的实力，其中国子监（很多壮观的战争纪念碑竖立在那里）的帝国战争纪念碑是最令人印象深刻的。㉟

在北京城外，清朝把香山风景区改造成为一处军事用地（至今仍是），由全副武装的兵丁守卫着。18世纪时在这里建起了一座用来操练攻击部队的碉楼；还有一处皇家演武校场，叫作团城演武厅，这里最主要的是上有楼阁的平台，建筑的名字饱含军事爱国色彩，如"纪功楼"，里面竖满了纪念碑。站在这精心建构的高处，皇帝定期地检阅下面的军队。第二章讲过，1749年，在这附近建了一座实胜寺，是仿建盛京历史悠久的实胜寺，盛京的是为了纪念早期胜利，而这座是为了纪念平定金川的胜利。寺庙名称的选择显然表明，清朝认为自己已经厕身值得后人效仿的帝国军事英雄的行列。

这一建筑群的其他部分还包括数以百计的仿制碉楼，清军在金

㉟　有些书中有碑文的汇编，比如《钦定国子监志》。对这样的宣传来说，国子监是让人想不到的地方。见梁国治等纂：《钦定国子监志》，1781年，重印本（台北：商务印书馆，1974年），第5卷，第15a～17a页。梁国治是军机大臣。

川战役中发现这些碉楼十分厉害。至少其中一些碉堡是由石块构建，这些石块很可能来自被清军摧毁的碉楼——它们位于遥远的四川省，然后费力地由原处运送到京城。这些碉楼一方面是为了演习和训练而建，另一方面充当着清军曾经获胜的有形提示物（或许也是掩饰他们不怎样辉煌的时刻）。与此相似，在18世纪60年代的征缅之役后，在这一地区建立了缅甸式宝塔，为了纪念在这场战争中丧生的清朝将领，同时也为了掩饰军队不光彩的撤退，这也许更多的是一厢情愿的想法，而不是实质性的军事成功。不管事实如何，所有这些设施的最终结果，是将京城附近的一处风景区变为一大片军事和纪念之地，这里有效地融入了来自一系列征服地区的典型建筑，多少是以承德的方式，只是没有富丽堂皇的环境罢了。"殖民地"的建筑样式，战争纪念碑，纪念性的寺庙，以及有着军事盛名的殿堂，所有这一切都促进了帝国内部空间的转变，旨在成为清朝军事力量的永久提示物。

五、结论

到了18世纪晚期，清帝国的疆域轮廓变化极大，将蒙古、西藏，以及清朝称为新疆的中亚广阔区域（还有台湾，这不在本章的论述范围之内）包括在内。除了蒙古部分地区沦入俄国之手并在后来独立外，这些变化，为今天中华人民共和国所拥有的大中国（Greater China）的疆域奠定了基础。在帝国内部，先前与军事胜利和帝国开拓并无特别关系的观念空间（如政府和社会）与实体景观，

107

由于清朝的精心谋划，才有了这样的联系。在有形的物质层面，比之以往，武占据了更为醒目、更为重要的位置，当然清朝非常明智，并不谋求以武来完全取代文。

结果就是，盛清主要的一项遗产是为后人留下了疆土，而 20 世纪的中国就建立在这些疆土之上。若说从 18 世纪到 20 世纪有着直接的思想轨迹，那这种说法会引起争论；本章所描述的转变，表明了帝国和民族间的物质、文化联系，以及两者都因此而拥有的尚武精神，还有与它们普遍关联的各种"主义"（isms）——帝国主义（imperialism）、民族主义（nationalism）、好战（militarism），这些既不是凭空出现的，也不只是"与西方复杂的遭遇"的结果。总之，上述 17 世纪尤其是 18 世纪的清朝文化政策，即使因后来发生事件的阻止，不能依照清朝皇帝所希望的方式开花结果，但仍然是中国现代性发展的有重大意义的先驱。

第六章

结语

　　本书描述了军事实力及相关尚武精神的种种表现，这对满人治 下的清朝（1636—1912）自我形象塑造来说举足轻重，而清朝在鼎盛时期是世界上最强大的政治体之一。对军事的特别关注，是清朝有别于与中华帝国其他朝代的规定性特征之一，从历史上看此前各朝多是重文轻武。

　　清朝的军事着眼于两个部分，它们相互依存。第一部分，人们肯定能想得到，就是带来帝国空前开拓的系列战争。第二部分，是与此相应的文化转变，用以推动清朝军事成功及背后的军事价值观，成为所有与清帝国有关系的人关注的中心，这些人或是帝国臣民，或是对话者，或是朋友，或是敌人。可以说，从 1636 年到 1800 年，清朝皇帝在整个文化生活领域推行了广泛的变革，广义上说，这些一并反映并提升了一种尚武精神。他们创造了以这种精神为中心的一种新的清朝文化，这种精神，在皇帝看来，作为他们开拓战争的基础，是既合适又必需；一般说来，这种精神是他们帝国适宜的基础。简单地说，皇帝们认为，如果清朝的规定性特征是战争和帝国，那么文化的每一种表现都应该促进和反映这些属性。从发动战争之日起，文化，也就是清朝所承袭的文化，未能完全满足这一条件，因此，皇帝要对它进行改造。

他们对帝国宏图大业文化方面的深思熟虑，随着时间而不断加强，在乾隆皇帝治下的18世纪，尤其是1750年以后达到顶峰。即使如此，在多大程度上乾隆皇帝是遵循着一个实际行动计划，这很难评估；我们对于这一有着连贯性且前后一致计划的文化运动的理解，肯定受制于乾隆皇帝对于军事胜利，也就是自己统治时期的最伟大成就的追溯性表达。

109   本书的中心目的，是证明了文化转变在清朝建设过程中与军事开拓同等重要。清朝皇帝透彻地理解了文化作为一种政治工具的效用。特别是他们很明白，展示实力和表现能力可以强化甚至是再造现实。此外，为了不仅将中国，而且将内亚大片地区融入他们的帝国，他们对二者各自的政治传统采取了高明且有效的利用。进而，他们对于自己统治无所不包的理解，使得他们不仅寻求统治广土众民，而且寻求他们可以全面进入并控制他们臣民生活各个方面的方法。他们追求这一目标的首要机制就是通过促成文化的变化。

清朝文化转变运动中最引人注目的方面之一，不仅是它极尽所能地重申同样的尚武和帝国实力的主题，而且以各种媒介不断"复制"着同样的文本和视觉图像。例如，许多关于战争的御制诗文被刻在北京和其他地方所竖立的巨大纪念碑之上，出现在绘画中，出现在皇帝书法卷轴作品中（悬挂皇宫内的殿阁内），并且出现在当时皇帝发起的许多巨帙文献汇编中。这种多层次大量"复制"的努力，证明了确实是认识到了不懈的重复所拥有的诱人力量，而这一做法，从理念上来看，是惊人的现代。

历史意识，无论对过去还是对未来，都可以从中看出清帝国整个的行动计划，特别是文化的军事化。负责实施清帝国宏图大业的皇帝，受强烈愿望驱使，不但要证明他们可以与以往最伟大的前辈相比肩，而且还要超越他们的成就。意识到自己当下的角色是以往与未来间的连接桥梁，他们开始在各类帝国臣民之间建立一种共享的关系感，这种感觉可以随同帝国本身一起遗赠给他们的继任者。他们旨在让这些共享的关系感，围绕着以下三个概念展开，他们希望这三者日益能成为同义词：清朝、军事实力、帝国。因此，追求霸权地位——这与清朝的普遍主义目标相一致，就要拥有既是象征性的又是物质的及现世的空间。

不论我们是否将文化的军事化运动视作一种事先既定、协调一致的努力，抑或视作一种临时混合物，还是视为介于上述两者之间，我们能在多大程度上评价它是否成功地实现了将尚武精神作为清朝文化核心要素之一的目标？虽然历史意识无法被精确量化，但我们还是可以有把握地说，到了 18 世纪中后期文化运动达到顶峰之时，*110* 毫无疑问，清代政治文化生活中的军事指示物和主题无所不包，无处不在，构成了一个不容忽视的整体。意识到了，当然并不等于全身心地接纳，加之皇帝意志的巨大影响，终究是难以准确地测算的。不过对于清朝臣民来说，不论他们怎么界定自己的身份——汉人、满人、藏人等等，可以肯定的是他们不可能意识不到这一时代精神是什么，因为这可以从太多方面看得出来。例如，目睹帝国的开拓，以及附带的它所依靠的军事力量渗透到了公众人物的著作中，而这些人并不是以对战争和军事感兴趣而闻名，就可以明白这一点。同样地，战争和帝国的背景是如此包罗万象，以至即使是那些想批评或嘲笑清朝帝国宏图大业的人，无论怎样拐弯抹角，也不可能避开同一个大的语境进行表达。最后，生产和维护清朝这一新文化的许多不同表现形式所牵涉的大量劳作、阅兵、远征及皇帝巡幸的恢弘气势，频繁发生，所有这些都意味着，新的清朝文化的军事精神必定给直接针对的精英人物以及许多普通大众留下了深刻的印象。

更大的问题是，从长远看，这场文化运动的效果持续了多久。我们已经知道以下的认识显然是错误的：整个清前期是孱弱的，这是由于对军事缺乏兴趣而造成的，因为在衰落的日子里清朝军事力量孱弱，无力抵抗外国的进攻。不消说，即使是粗略地看下 17、18 世纪清代中国的情况，就知道完全不是这么回事。

同样的分析方法，以及它所要求的审慎态度，应该应用到探讨清朝军事化文化运动的长期效果问题上。当我们看待中国 20 世纪的历史时，自然会看到这是一个战争无休无止、社会的军事化程度不断提高的时代。这一军事化产生于当时几乎不间断的战争，它始于帝制结束初年的军阀时期。后面的战争，其中包括：国民党和共产党之间不宣而战的内战，20 世纪 30 年代的法西斯主义，日本占领和第二次世界大战，1945 年至 1949 年的内战，朝鲜战争，20 世纪 50 年代的各种政治运动，以及 20 世纪六七十年代的"文化大革命"。明了我们现在所知道的关于清朝帝国宏图大业的一切，会让我们了解从早期到 20 世纪的军事精神的直接发展轨道。但这还是会引发争议的，因为在这一个世纪中，发生了太多、太重大的全球性和地方性的系列事件将它们分开。

　　然而，这两者之间事实上确实存在着某种关系，因为清朝文化 *111*
军事化生成的沃土可以孕育一切可能，这么说并不过分。只要气候
适宜，一旦有任何风吹草动，18 世纪所埋下的种子就可以萌芽。很
长一段时期里，它们的生长似乎停止了，但它们最终长成的模样，
绝不像皇帝所预期的或期望的那样。但不应忘记的是，中国中心论，
以及后来欧洲中心论，都贬低了满洲皇帝的技巧和高明，盛清的统
治者确实是全球权力争夺的强有力竞争者。但事实可能是，中国过
去大约两百年来在国际舞台上的孱弱是一种延长了的失常状态，而
不是正常状况。

参考文献 [*]

阿达斯，迈克. 作为人的尺度的机器：科学、技术与统治意识形态. 纽约州伊萨卡：康纳尔大学出版社，1989.

Adas, Michael. *Machines as the Measure of Men：Science, Technology, and Ideologies of Dominance*. Ithaca, NY：Cornell University Press, 1989

阿姆斯特丹苏富比. 中日陶瓷和艺术品目录. 销售编号 604. 1994−10−25.

Sotheby's Amsterdam. *Catalogue of Chinese and Japanese Ceramics and Works of Art*, Sale 604. 25 October 1994

艾尔曼. 明清科举文化史. 伯克利，伦敦：加利福尼亚大学出版社，2000.

Elman, Benjamin A. *A Cultural History of Civil Examina-*

---

[*] 为脚注文献检索方便，按中译文献的著者姓氏、著述名称等音序排列。——译者

tions in Late Imperial China. Berkeley and London: University of California Press, 2000

白彬菊. 君主与大臣: 清中期的军机处（1723—1820）. 纽黑文: 耶鲁大学出版社, 1991.

Bartlett, Beatrice S. *Monarchs and Ministers: The Grand Council in Mid-Ch'ing China*. New Haven: Yale University Press, 1991

白瑞霞. 虚静帝国: 清代中国的佛教艺术和政治权威. 火奴鲁鲁: 夏威夷大学出版社, 2003.

Berger, Patricia. *Empire of Emptiness: Buddhist Art and Political Authority in Qing China*. Honolulu: University of Hawaii Press, 2003

柏尼特, 兹维. 穆罕默德之道: 帝制晚期中国的穆斯林文化史. 马萨诸塞州剑桥: 哈佛大学出版社, 2005.

Ben-dor Benite, Zvi. *The Dao of Muhammad: A Cultural History of Muslims in Late Imperial China*. Cambridge, MA: Harvard University Press, 2005

宝尔文化艺术博物馆. 神秘世界——紫禁城: 来自中国宫廷的辉煌展的展品目录. 加利福尼亚州圣安塔市: 宝尔文化艺术博物馆, 2000.

Bowers Museum of Cultural Art. *Secret World of the Forbidden City: Splendors from China's Imperial Palace, exhibition catalogue*. Santa Ana, CA: Bowers Museum of Cultural

Art，2000

北京图书馆藏中国历代石刻拓本汇编. 郑州：中州古籍出版社，1898—1991.

贝尔，凯瑟琳. 仪式理论与实践. 纽约，牛津：牛津大学出版社，1992.

Bell, Catherine. *Ritual Theory*, *Ritual Practice*. New York and Oxford：Oxford University Press，1992

贝尔坦，亨利. 通信. 法兰西学院图书馆藏. 手稿第 1515—1524 卷.

Bertin, Henri. *Correspondance*. Bibliothèque de l'Institut de France. Manuscript vols. 1515-1524

贝纳德，伊丽莎白. 乾隆皇帝与藏传佛教//米华健，邓如萍，欧立德，等. 新清帝国史：内陆亚洲帝国在承德的形成. 伦敦：劳特利奇/柯曾出版社，2004：123-135.

Benard, Elisabeth. "The Qianlong emperor and Tibetan Buddhism." In *New Qing Imperial History*：*The Making of Inner Asian Empire at Qing Chengde*, ed. James A. Millward, Ruth W. Dunnell, Mark C. Elliott, and Philippe Foret, 123 - 135. London：Routledge/Curzon, 2004

毕梅雪，侯锦郎. 木兰图与乾隆秋季大猎之研究. 台北："故宫博物院"，1982.

伯希和. 中国皇帝的征服. 通报，1921：183-275，1931：502.

Pelliot, Paul. "Les Conquêtes de l'Empereur de China." *T'oung-pao* (1921)：183-275；(1931)：502

卜正民. 纵乐的困惑：明代的商业与文化. 伯克利，伦敦：加利福尼亚大学出版社，1998.

Brook，Timothy. *The Confusions of Pleasure：Commerce and Culture in Ming China*. Berkeley and London：University of California Press，1998

布莱克，杰里米. 结语//方德万. 中国历史上的战争. 莱顿：布里尔出版社，2000：428-442.

Black，Jeremy. "Conclusion." In *Warfare in Chinese History*，ed. Hans Van de Ven，428-442. Leiden：E. J. Brill，2000

布朗，乔纳森. 埃斯科里亚尔战役大厅中的战争与光荣. 提交"历史上的暴力学术会议"论文. 普林斯顿高等研究院，1995.

Brown，Jonathan. "War and Glory in the Hall of Battles of El Escorial." Paper Presented to the Conference on Force in History，Institute for Advanced Study，Princeton，1995

布朗，乔纳森，约翰·埃里奥特. 王的宫殿：丽池公园与菲利普四世的宫廷. 修订版. 纽黑文：耶鲁大学出版社，2003.

Brown，Jonathan and John H. Elliott. *A Palace for a King：The Buen Retiro and the Court of Philip IV*，*Rev. Edition*. New Haven：Yale University Press，2003

大清历朝实录. 东京：大藏出版株式会社，1937—1938.

戴密微. 佛教与战争//高等中国研究所丛书. 巴黎：法国大学出版社，1957：347-385.

Demiéville，Paul. "Le Bouddhisme et la Guerre." In *Bibliothèque de l'Institut des Hautes Études Chinoises*, 347－85. Paris: Presses Universitaires de France, 1957

戴廷杰. 士与权: 中国历朝文字狱一案. 巴黎: 社会科学高等研究院出版社, 1992.

Durand, Pierre-Henri. *Lettrés et pouvoirs: un procès littéraire dans la Chine impériale*. Paris: Éditions de l'École des Hautes Études en Sciences Sociales, 1992

戴莹琮. 被掩饰的失败: 清朝征缅之役. 现代亚洲研究, 2004, 38 (1): 145-188.

DaiYingcong. "A Disguised Defeat: The Myanmar Campaign of the Qing Dynasty." *Modern Asian Studies*38. 1 (2004): 145-188

戴莹琮. 强军: 康熙皇帝对武职官员的优待. 战争与社会, 2000, 18 (2): 71-92.

DaiYingcong. "To Nourish A Strong Military: Kangxi's Preferential Treatment of his Military Officials." *War and Society* 18. 2 (2000): 71-92

戴莹琮. 清朝西南边疆的兴起 (1640—1800). 华盛顿大学博士论文, 1996.

DaiYingcong. "The Rise of the Southwestern Frontier under the Qing, 1640－1800." Ph. D. diss., University of Washington, 1996

德昆西, 托马斯. 鞑靼的反抗: 卡尔梅克汗的迁徙. 波士顿: 利奇-舍威尔-桑伯恩出版社, 1896.

DeQuincey, Thomas. *Revolt of the Tartars or, Flight of*

the Kalmuck Khan. Boston：Leach, Shewell and Sanborn，1896

德雷克，弗雷德. 作为象征性建筑的盛京皇宫与努尔哈赤陵寝//陈捷先. 第三十五届国际阿尔泰学会论文集. 台北：汉学研究中心，1992：85-95.

Drake, Fred W. "The Mukden Palace and Nurhaci's Tomb as Symbolic Architecture." In *Proceedings of the 35th Permanent International Altaistic Conference*, ed. Ch'en Chieh-hsien, 85–95. Taibei：Centre for Chinese Studies Materials，1992

狄宇宙. 清代宫廷中的满族萨满仪式//约瑟夫·麦克德莫特. 中国的政治与礼仪. 剑桥：剑桥大学出版社，1998：351-396.

di Cosmo, Nicola. "Manchu shamanic ceremonies at the Qing Court." In *State and Ritual in China*, ed. Joseph McDermott, 351–396. Cambridge：Cambridge University Press，1998

狄宇宙. 中国历史上的军事文化. 马萨诸塞州剑桥：哈佛大学出版社，即将出版.

di Cosmo, Nicola. ed. *Military Culture in Chinese History*. Cambridge, MA：Harvard University Press，forthcoming

杜赞奇. 刻画符号：战神关帝的神话. 亚洲研究杂志，1988，47（4）：778-795.

Duara, Prasenjit. "Superscribing Symbols：The Myth of Guandi, God of War." *Journal of Asian Studies* 47. 4 (1988)：778-795

法夸尔，戴维. 清代国家治理中作为菩萨化身的皇帝. 哈佛亚洲学刊，1978，38：5-34.

Farqhuar, David. "Emperor as Bodhisattva in the Governance of the Ch'ing Empire." *Harvard Journal of Asiatic Studies* 38 (1978): 5–34

方德万. 中国历史上的战争. 莱顿: 布里尔出版社, 2000.

Van de Ven, Hans ed. *Warfare in Chinese History*. Leiden: E. J. Brill, 2000

福柯, 米歇尔. 规训与惩罚: 监狱的诞生. 艾兰·谢尔丹, 译, 纽约: 万神殿出版社, 1977.

Foucault, Michel. *Discipline and Punish: the Birth of the Prison*. Translated by Alan Sheridan. New York: Pantheon, 1977

福隆安, 等. 皇朝礼器图式. 无出版地点, 1776.

傅恒. 平定准噶尔方略. 1772. 北京: 全国图书馆文献缩微复制中心, 1990 年重印.

傅雷. 规划承德: 清帝国的景观事业. 火奴鲁鲁: 夏威夷大学出版社, 2000.

Foret, Philippe. *Mapping Chengde: The Qing Landscape Enterprise*. Honolulu: University of Hawaii Press, 2000

傅礼初. 1800 年前后清朝的内亚//费正清. 剑桥中国晚清史. 剑桥: 剑桥大学出版社, 1978.

Fletcher, Joseph. "Ch'ing Inner Asia c. 1800." In *The Cambridge History of China*, vol. 10, *Late Ch'ing*, ed. J. K. Fairbank. Cambridge: Cambridge University Press, 1978

盖博坚. 谁是满洲人. 亚洲研究杂志, 2002, 61 (2): 151–164.

Guy, R. Kent. "Who were the Manchus?: A Review Essay." *Journal of Asian Studies* 61. 2 (2002): 151-164

高贝贝. 长城之外：中国边疆的城市形态及其转变. 斯坦福：斯坦福大学出版社, 1996.

Gaubatz, Piper Rae. *Beyond the Great Wall: Urban Form and Transformation on the Chinese Frontiers*. Stanford: Stanford University Press, 1996

高第. 18世纪国务大臣贝尔坦的书信集. 通报, 1913, 2 (14).

Cordier, Henri. "Lescorrespondants de Bertin, secrétaire d'état au XVIII siècle." *T'oung Pao*, sér. 2 vol. 14 (1913)

高彦颐. 闺塾师：明末清初江南的才女文化. 斯坦福：斯坦福大学出版社, 1994.

Ko, Dorothy. *Teachers of the Inner Chambers: Women and Culture in Seventeenth-Century China*. Stanford: Stanford University Press, 1994

高彦颐. 以身体为装饰：17世纪中国的缠足及反缠足的界限. 妇女史研究, 1997, 8 (4): 8-20.

Ko, Dorothy. "The Body as Attire: Footbinding and the Boundaries of Alterity in Seventeenth Century China." *Journal of Women's History* 8. 4 (1997): 8-20

格拉夫, 大卫. 剑与笔：唐朝军事的专业化与职业模式. 战争与社会, 2000, 18 (2): 9-21.

Graff, David. "The Sword and the Brush: Specialization and Career Patterns in the Tang Military." *War and Society* 18. 2

(2000)：9-21

格林菲尔德，里亚. 民族主义：通往现代性的五条道路. 马萨诸塞州剑桥：哈佛大学出版社，1992.

Greenfield, Liah. *Nationalism*：*Five Roads to Modernity*. Cambridge, MA：Harvard University Press, 1992

格鲁普，塞缪尔. 清初满族皇帝的崇拜：盛京供奉大黑天神寺庙的文本与研究. 印第安纳大学博士论文，1980.

Grupper, Samuel. "The Manchu Imperial Cult of the Early Ch'ing Dynasty." Ph. D. diss. , Indiana University, 1980

格鲁普，塞缪尔. 清前期的满族赞助和藏传佛教. 西藏社会学刊，1984（4）：47-75.

Grupper, Samuel. "Manchu Patronage and Tibetan Buddhism during the First Half of the Ch'ing Dynasty." *Journal of the Tibetan Society* 4 (1984)：47-75

宫中档乾隆朝奏折. 台北："故宫博物院"，1982—1986.

故宫博物院. 清代宫廷绘画. 北京：文物出版社，1992.

顾祖成，等. 清实录藏族史料. 拉萨：西藏人民出版社，1982.

海勒，艾米. 达赖喇嘛的伟大护法神//弗朗索瓦·波马雷特. 17世纪的拉萨：达赖喇嘛的都城. 霍华德·索文森，译. 莱顿：布里尔出版社，2002：81-98.

Heller, Amy. "The Great Protector Deities of the Dalai Lamas." In *Lhasa in the Seventeenth Century*：*The Capital of the Dalai Lamas*, ed. Françoise Pommaret. Translated by Howard

Solverson, 81-98. Leiden: E. J. Brill, 2002

海尼士. 西藏东部金川地区的征服. 泰东, 1935, 10 (2): 262-313.

Haenisch, Erich. "Die Eroberung des Goldstromlandes in Ost-Tibet." *Asia Major* 10.2 (1935): 262-313

韩书瑞. 千年末世之乱: 1813 年八卦教起义. 纽黑文: 耶鲁大学出版社, 1976.

Naquin, Susan. *Millenarian Rebellion in China: The Eight Trigrams Uprising of 1813*. New Haven: Yale University Press, 1976

韩书瑞. 山东叛乱: 1774 年王伦起义. 纽黑文: 耶鲁大学出版社, 1981.

Naquin, Susan. *Shantung Rebellion: The Wang Lun Uprising of 1774*. New Haven: Yale University Press, 1981

韩森. 宋代碑刻史料. 宋元研究通讯, 1987, 19: 17-25.

Hansen, Valerie. "Inscriptions: Historical Sources for the Song." *The Bulletin of Sung-Yuan Studies* 19 (1987): 17-25

郝瑞. 绪论//郝瑞. 中国民族边疆的文化碰撞. 西雅图: 华盛顿大学出版社, 1995: 3-36.

Harrell, Stevan. "Introduction," In *Cultural Encounters on China's Ethnic Frontiers*, ed. Stevan Harrell, 3-36. Seattle: University of Washington Press, 1995

何炳棣. 清代在中国历史上的重要性. 亚洲研究杂志, 1967, 26 (2): 189-195.

Ho Ping-ti. "The Significance of the Ch'ing Period in Chinese

History," *Journal of Asian Studies* 26. 2 (1967): 189-95

何炳棣. 捍卫汉化: 驳罗友枝之《再观清代》. 亚洲研究杂志, 1998, 57 (1): 123-155.

Ho Ping-ti. "In Defense of Sinicization: A Rebuttal of Evelyn Rawski's 'Reenvisioning the Qing,'" *Journal of Asian Studies* 57. 1 (1998), 123-155

河罗娜. 清朝的殖民事业: 近代早期中国的民族志和制图学. 芝加哥: 芝加哥大学出版社, 2001.

Hostetler, Laura. *Qing Colonial Enterprise: Ethnography and Cartography in Early Modern China*. Chicago: University of Chicago Press, 2001

河罗娜. 清朝与早期现代世界的联系: 18 世纪中国的民族志和制图学. 现代亚洲研究, 2000, 34 (3): 623-662.

Hostetler, Laura. "Qing Connections to the Early Modern World: Ethnography and Cartography in Eighteenth-Century China." *Modern Asian Studies* 34. 3 (2000): 623-62

何慕文. 文献与肖像: 康熙与乾隆南巡图. 菲比斯, 1988, 6 (1): 91-113.

Hearn, Maxwell. "Document and Portrait: The Southern Tour Paintings of Kangxi and Qianlong." *Phoebus* 6. 1 (1988): 91-131

何伟亚. 怀柔远人: 马戛尔尼使华的中英礼仪冲突. 北卡罗来纳州达勒姆: 杜克大学出版社, 1995.

Hevia, James P. *Cherishing Men from Afar: Guest Ritual and the Macartney Embassy of 1792-1793*. Durham, NC: Duke

University Press，1995

何伟亚. 英国的课业：19 世纪中国的帝国主义教程. 达勒姆：杜克大学出版社，2003.

Hevia, James P. *English Lessons：The Pedagogy of Imperialism in Nineteenth Century China*. Durham：Duke University Press，2003

何伟亚. 喇嘛、皇帝和礼仪：清帝国礼仪的政治意义. 国际佛教研究协会学刊，1993，16（2）：243-278.

Hevia, James P. "Lamas, Emperors and Rituals：Political Implications in Qing Imperial Ceremonies." *Journal of the International Association of Buddhist Studies* 16. 2 (1993)：243-278

恒慕义. 清代名人传略. 华盛顿特区：美国政府印刷局，1943.

Hummel, Arthur. *Eminent Chinese of the Ch'ing Period*. Washington D. C.：US Government Printing Office，1943

胡建中. 清宫兵器研究. 故宫博物院院刊，1990（1）：17-28.

胡敬. 国朝院画录//画史丛书. 1816. 上海：人民美术出版社，1963 年重印.

华琛，罗友枝. 帝制晚期与近代中国的葬礼. 伯克利：加利福尼亚大学出版社，1988.

Watson, James L. and Evelyn S. Rawski, *Death Ritual in Late Imperial and Modern China*. Berkeley：University of California Press，1988

黄儒荃. 良乡县志. 1889.

黄宗智. 清代的法律、社会与文化：民法的表达与实践. 斯坦福：斯坦福大学出版社，1996.

Huang, Philip C. C. *Civil Justice in China：Representation and Practice in the Qing*. Stanford：Stanford University Press, 1996

纪昀、陆锡熊传稿. 台北："故宫博物院". 文献编号：7763.

纪昀. 阅微草堂笔记. 北京，1800.

纪昀. 乌鲁木齐杂诗//借月山房汇钞. 无出版日期. 台北：艺文印书馆，1967 年重印.

贾宁. 清初理藩院与内亚礼仪（1644—1795）. 帝制晚期中国，1993，14（1）：60 92.

Chia Ning. "The Lifanyuan and the Inner Asian Rituals in the Early Ch'ing (1644-1795)." *Late Imperial China* 14. 1 (1993)：60-92

江忆恩. 文化现实主义：中国历史中的战略文化与大战略. 普林斯顿：普林斯顿大学出版社，1995.

Johnston, Alastair I. *Cultural Realism：Strategic Culture and Grand Strategy in Chinese History*. Princeton：Princeton University Press, 1995

卡梅农，阿芙丽尔. 讲述仪式的拜占庭书籍//大卫·康纳汀，西蒙·普莱斯. 皇室礼仪：传统社会中的权力与礼仪. 剑桥：剑桥大学出版社，1987：106-136.

Cameron, Averil. "The Byzantine Book of Ceremonies." In

Rituals of Royalty：*Power and Ceremonial in Traditional Societies*, ed. David Cannadine and Simon Price, 106–136. Cambridge：Cambridge University Press, 1987

康纳汀，大卫. 仪式的背景、表现和意义：1820—1977 年英国君主制及其"传统的发明"//艾瑞克·霍布斯鲍姆，特伦斯·兰杰. 传统的发明. 剑桥：剑桥大学出版社，1983：101-164.

Cannadine, David. "The Context, Performance and Meaning of Ritual：The British Monarchy and the 'Invention of Tradition,' c. 1820 - 1977." In *The Invention of Tradition*, ed. Eric Hobsbawm and Terence Ranger, 101 - 164. Cambridge：Cambridge University Press, 1983

康无为. 皇帝眼中的君主制：乾隆朝的形象与现实. 马萨诸塞州剑桥：哈佛大学出版社，1971.

Kahn, Harold. *Monarchy in the Emperor's Eyes*：*Image and Reality in the Ch'ien-lung Period*. Cambridge, MA：Harvard University Press, 1971

康无为. 帝王品味：乾隆朝的宏伟气象与奇国异珍//周汝式，布歌迪. 高雅笔墨：乾隆时期的中国绘画. 亚利桑那州菲尼克斯：菲尼克斯艺术博物馆，1985.

Kahn, Harold. "A Matter of Taste：The Monumental and Exotic in the Qianlong Reign." Chou Ju-hsi and Claudia Brown, eds. *The Elegant Brush*：*Chinese Painting under the Qianlong emperor 1735-1795*. Phoenix, AZ：Phoenix Art Museum, 1985

科恩，伯纳德. 殖民主义及其知识形态. 普林斯顿：普林斯顿大学出版社，1996.

Cohn, Bernard S. *Colonialism and its Forms of Knowledge*. Princeton：Princeton University Press, 1996

科恩，伯纳德. 维多利亚时代印度的权威代表//艾瑞克·霍布斯鲍姆，特伦斯·兰杰. 传统的发明. 剑桥：剑桥大学出版社，1983.

Cohn, Bernard S. "Representing Authority in Victorian India." In *The Invention of Tradition*, ed. Eric Hobsbawm and Terence Ranger. Cambridge：Cambridge University Press, 1983

柯娇燕. 透镜：清帝国意识形态的历史与认同. 伯克利，伦敦：加利福尼亚大学出版社，1999.

Crossley, Pamela K. *A Translucent Mirror：History and Identity in Qing Imperial Ideology*. Berkeley and London：University of California Press, 1999

柯娇燕. 《满洲源流考》与满人遗产的形成. 亚洲研究杂志，1987, 46（4）：761-790.

Crossley, Pamela K. "*Manzhou Yuanliu Kao* and the Formalization of the Manchu Heritage." *Journal of Asian Studies* 46. 4 (1987)：761-790

柯娇燕. 中国皇权的多维性. 美国历史评论，1992, 97（5）：1468-1484.

Crossley, Pamela K. "The Rulerships of China." *American Historical Review* 97. 5 (1992)：1468-1484

柯娇燕. 对于近代早期中国民族的思考. 帝制晚期中国，1990,

11 (1): 1-35.

　　Crossley, Pamela K. "Thinking about Ethnicity in Early Modern China." *Late Imperial China* 11. 1 (1990): 1-35

　　柯娇燕, 罗友枝. 清史满语概述. 哈佛亚洲学刊, 1993, 53 (1): 63-88.

　　Crossley, Pamela K. and Evelyn S. Rawski. "A Profile of the Manchu Language in Ch'ing History." *Harvard Journal of Asiatic Studies* 53. 1 (1993): 63-88

　　科里根, 菲利普, 德里克·萨耶尔. 大拱门: 英语国家形成的文化革命. 牛津: 布莱克威尔出版社, 1985.

　　Corrigan, Philip and Derek Sayer. *The Great Arch: English State Formation as Cultural Revolution.* Oxford: Basil Blackwell, 1985

　　柯律格. 明代的图像与视觉性. 普林斯顿: 普林斯顿大学出版社, 1997.

　　Clunas, Craig. *Pictures and Visuality in Early Modern China.* Princeton: Princeton University Press, 1997

　　柯律格. 全球与本土的现代性: 消费与西方的兴起. 美国历史评论, 1999, 104 (5): 1497-1511.

　　Clunas, Craig. "Review Essay: Modernity Global and Local: Consumption and the Rise of the West." *American Historical Review* 104. 5 (1999): 1497-1511

　　柯马丁. 秦始皇石刻: 早期中国的文本与仪式. 康涅狄格州纽黑文: 美国东方学会, 2000.

Kern, Martin. *The Stele Inscriptions of Ch'in Shih Huang: Text and Ritual in Early Chinese Ritual Representation*. New Haven, CT: American Oriental Society, 2000

柯启玄. 帝制晚期中国的服丧：孝道与国家. 剑桥：剑桥大学出版社, 1999.

Kutcher, Norman. *Mourning in Late Imperial China: Filial Piety and the State*. Cambridge: Cambridge University Press, 1999

克劳斯, 理查德. 毛笔中的权力：现代政治与中国书法艺术. 伯克利, 伦敦：加利福尼业大学出版社, 1991.

Kraus, Richard Curt. *Brushes with Power: Modern Politics and the Chinese Art of Calligraphy*. Berkeley and London: University of California Press, 1991

孔达珍. 优雅的福音：20 世纪初的在华美国女传教士. 纽黑文：耶鲁大学出版社, 1984.

Hunter, Jane. *The Gospel of Gentility: American Women Missionaries in Turn-of-the-Century China*. New Haven: Yale University Press, 1984

孔飞力. 叫魂：1768 年中国妖术大恐慌. 马萨诸塞州剑桥：哈佛大学出版社, 1990.

Kuhn, Philip A. *Soulstealers: The Chinese Sorcery Scare of 1768*. Cambridge, MA: Harvard University Press, 1990

来保, 等. 大清通礼. 1756 年, 无出版地点.

来保, 等. 平定金川方略. 无出版日期, 无出版地点.

莱辛，费迪南德. 雍和宫：北京藏传佛教寺院文化探究. 斯德哥尔摩：中瑞考察团，1942.

Lessing, F. D. *Yung-Ho-Kung：An Iconography of the Lamaist Cathedral in Peking，with Notes on Lamaist Mythology and Cult.* Stockholm：Reports from the Sino—Swedish Expedition，1942

雷贝特，纳瑟. 开罗的城堡：马穆鲁克王室建筑新释. 莱顿：布里尔出版社，1995.

Rabbat, Nasser O. *The Citadel of Cairo：A New Interpretation of Royal Mamluk Architecture.* Leiden：E. J. Brill, 1995

雷德侯. 万物：中国艺术中的模件化和规模化生产. 普林斯顿：普林斯顿大学出版社，2000.

Ledderose, Lothar. *Ten Thousand Things：Module and Mass Production in Chinese Art.* Princeton：Princeton University Press，2000

雷金庆. 男性特质论：中国的社会与性别. 剑桥：剑桥大学出版社，2002.

Louie, Kam. *Theorising Chinese Masculinity：Society and Gender in China.* Cambridge：Cambridge University Press，2002

李约瑟. 中国科学技术史：第 3 卷　数学、天学和地学. 剑桥：剑桥大学出版社，1959.

Needham, Joseph. *Science and Civilization in China*，vol. 3，*Mathematics and the Sciences of the Heavens and the Earth.* Cambridge：Cambridge University Press，1959

梁国治，等. 钦定国子监志. 1781. 台北：商务印书馆，1974

年重印.

龙文彬. 明会要. 广州：广雅书院，无出版日期.

龙沛. 北宋军事贵族与皇室. 战争与社会，2000，18（2）：37-47.

Lorge, Peter. "The Northern Song Military Aristocracy and the Royal Family." *War and Society* 18. 2 (2000)：37-47

路康乐. 满与汉：清末民初的族群关系与政治权力（1861—1928）. 西雅图：华盛顿大学出版社，2000.

Rhoads, Edward. *Manchus and Han：Ethnic Relations and Political Power in Late Qing and Early Republican China*, *1861-1928*. Scattle：University of Washington Press, 2000

陆威仪. 早期中国的合法暴力. 阿尔巴尼：纽约州立大学出版社，1990.

Lewis, Mark Edward. *Sanctioned Violence in Early China*. Albany：State University of New York Press, 1990

陆正明. 乾隆帝"十全武功"初探//南京军区百科编审室，《史学月刊》编辑部. 中国军事史论文集. 开封：河南大学出版社，1989.

罗浩. 乾隆朝的宫廷绘画//周汝式，布歌迪. 高雅笔墨：乾隆时期的中国绘画. 亚利桑那州菲尼克斯：菲尼克斯艺术博物馆，1985：303-317.

Rogers, Howard. "Court Painting under the Qianlong emperor." In *The Elegant Brush：Chinese Painting under the Qianlong emperor 1735-1795*, ed. Chou Ju-hsi and Claudia Brown, 303-

317. Phoenix, AZ: Phoenix Art Museum, 1985

罗茂瑞. 忽必烈: 生平与时代. 伯克利, 伦敦: 加利福尼亚大学出版社, 1998.

Rossabi, Morris. *Khubilai Khan: His Life and Times.* Berkeley and London: University of California Press, 1998

罗友枝. 清代宫廷社会史. 伯克利, 伦敦: 加利福尼亚大学出版社, 1998.

Rawski, Evelyn S. *The Last Emperors: A Social History of Qing Imperial Institutions.* Berkeley and London: University of California Press, 1998

罗友枝. "创造" 18 世纪中国的一位皇帝//荣鸿曾, 罗友枝, 华若璧, 和谐与对位: 中国的礼乐. 斯坦福: 斯坦福大学出版社, 1996: 150-174.

Rawski, Evelyn S. "The Creation of an Emperor in Eighteenth-Century China." In *Harmony and Counterpoint: Ritual Music in Chinese Context*, ed. Bell Yung, Evelyn S. Rawski and Rubie S. Watson, 150-174. Stanford: Stanford University Press, 1996

罗友枝. 再观清代: 论清代在中国历史上的意义. 亚洲研究杂志, 1996, 55 (4): 829-850.

Rawski, Evelyn S. "Presidential Address: Reenvisioning the Qing: The Significance of the Qing Period in Chinese History." *Journal of Asian Studies* 55. 4 (1996): 829-850

罗友枝. 清朝非汉语文献的出版//包筠雅, 周启荣. 帝制晚期中国的出版与图书文化. 伯克利: 加利福尼亚大学出版社, 2005:

304－331.

    Rawski, Evelyn S. "Qing Publishing in Non-Han Langua-
ges." In *Printing and Book Culture in Late Imperial China*, ed.
Cynthia J. Brokaw and Kai-wing Chow, 304－331. Berkeley: Uni-
versity of California Press, 2005

    罗友枝, 杰西卡·罗森. 清朝康雍乾三皇帝. 展品目录. 伦敦:
伦敦皇家美术学院, 2005.

    Rawski, Evelyn S. and Jessica Rawson, eds. *China: The Three
Emperors, 1662－1795*, Exhibition Catalogue. London: Royal Acad-
emy of Arts, London, 2005

    马丁, 丹. 本教经典与耶稣会士大炮: 乾隆皇帝第二次金川之
役 (1771—1776) 中的教派因素——以部分藏文文献为中心. 藏学
学刊, 1990, 15: 3-28.

    Martin, Dan. "Bonpo Canons and Jesuit Cannons: On Sectar-
ian Factors Involved in the Ch'ien-Lung Emperor's Second Gold-
stream Expedition of 1771－6, Based Primarily on Some Tibetan
Sources." *Tibetan Journal* 15 (1990): 3-28

    马基迪西, 乌萨马. 奥斯曼的东方主义. 美国历史评论, 2002,
107 (3): 768-796.

    Makdisi, Ussama, "Ottoman Orientalism." *American His-
torical Review* 107. 3 (2002): 768-796

    马士. 东印度公司对华贸易编年史 (1634—1835). 牛津: 克拉
伦登出版社, 1926.

Morse, H. B. *The Chronicles of the East India Company Trading to China 1634—1835.* Oxford: Clarendon Press, 1926

麦科马克. 古代晚期的艺术与典礼. 伯克利, 伦敦: 加利福尼亚大学出版社, 1981.

MacCormack, Sabine G. *Art and Ceremony in Late Antiquity.* Berkeley and London: University of California Press, 1981

曼素恩. 缀珍录: 18 世纪及其前后的中国妇女. 斯坦福: 斯坦福大学出版社, 1997.

Mann, Susan. *Precious Records: Women in China's Long Eighteenth Century.* Stanford: Stanford University Press, 1997

孟保. 西藏奏疏 (附西藏碑文). 北京: 中央民族学院出版社, 1985.

孟伯迪. 金川之役: 政治宗教情景//费尔南·梅耶. 西藏: 文明与社会 (巴黎: 德斯克雷·德·布鲁韦基金会组织的研讨会, 1987 年 4 月 27—29 日). 巴黎: 德斯克雷·德·布鲁韦出版社, 1990: 125—142.

Mansier, Patrick. "La guerre du Jinchuan (Rgyal-Rong): son contexte politico-religieux." In *Tibet: Civilisation et Société (Colloque organisé par la Fondation Singer-Polignac, Paris, les 27, 28, 29 avril* 1987), ed. Fernand Meyer, 125—142. Paris: Éditions de la Fondation SingerPolignac, 1990

孟久丽. 孔庙与圣人像传. 亚洲研究杂志, 1996, 55 (2): 269—300.

Murray, Julia K. "The Temple of Confucius and Pictorial Bi-

ographies of the Sage." *Journal of Asian Studies* 55. 2 (1996):
269-300

米华健. 嘉峪关外: 1759—1864 年清朝中亚地区的经济、民族和国家. 斯坦福: 斯坦福大学出版社, 1998.

Millward, James A. *Beyond the Pass: Economy, Ethnicity and Empire in Qing Central Asia, 1759-1864.* Stanford: Stanford University Press, 1998

米华健. 清的形成、蒙古的遗产及现代早期欧亚大陆中部的"历史的终结" // 司徒琳. 世界历史时间中清的形成. 马萨诸塞州剑桥: 哈佛大学出版社, 2004: 92-120.

Millward, James A. "The Qing Formation, the Mongol Legacy, and the 'End of History' in Early Modern Central Eurasia." In *The Qing Formation in World Historical Time*, ed. Lynn A. Struve, 92-120. Cambridge, MA: Harvard University Press, 2004

米华健. 清朝内亚帝国与土尔扈特回归 // 米华健, 邓如萍, 欧立德, 等. 新清帝国史: 内陆亚洲帝国在承德的形成. 伦敦: 劳特利奇/柯曾出版社, 2004: 91-106.

Millward, James A. "Qing Inner Asian Empire and the return of the Torghuts." In *New Qing Imperial History: The Making of Inner Asian Empire at Qing Chengde*, ed. James A. Millward, Ruth W. Dunnell, Mark C. Elliott, and Philippe Foret, 91-106. London: Routledge/Curzon, 2004

米华健. 乾隆宫廷的维吾尔穆斯林: 香妃的意义. 亚洲研究杂志, 1994, 53 (2): 427-458.

Millward, James A. "A Uyghur Muslim in Qianlong's Court: The Meanings of the Fragrant Concubine." *Journal of Asian Studies* 53. 2 (1994): 427–58

米华健，邓如萍，欧立德，等. 新清帝国史：内陆亚洲帝国在承德的形成. 伦敦：劳特利奇/柯曾出版社，2004.

Millward, James A. , Ruth W. Dunnell, Mark C. Elliott, Philippe Foret, eds. *New Qing Imperial History: The Making of Inner Asian History at Qing Chengde*. London: Routledge/ Curzon, 2004

莫尔纳，亚当. 内亚的天气法术. 布卢明顿：印第安纳大学亚洲研究所，1994.

Molnar, Adam. *Weather Magic in Inner Asia*. Bloomington: Indiana University, Research Institute for Inner Asian Studies, 1994

穆尔，阿·克. 1550 年前中国的基督教史. 伦敦：基督教文化促进会，1930.

Moule, A. C. *Christians in China Before the Year 1550*. London: The Society for Promoting Christian Knowledge, 1930

慕克吉，钱德拉. 领土野心和凡尔赛花园. 剑桥：剑桥大学出版社，1997.

Mukerji, Chandra. *Territorial Ambitions and the Gardens of Versailles*. Cambridge: Cambridge University Press, 1997

穆勒-霍夫斯塔德，克里斯托夫，哈特穆特·瓦拉文斯. 巴黎—北京：乾隆皇帝的铜版画//亨德里克·巴德，克里斯托夫·穆勒-霍夫斯塔德，格里昂·西弗尼奇. 欧洲与中国皇帝. 法兰克福：岛屿出版社，1985：163–173.

Müller-Hofstade, Christoph and Hartmut Walravens. "Paris-Peking: Kupferstiche fur Kaiser Qianlong." In *Europa und die Kaiser von China*, ed. Hendrik Budde, Christoph Müller-Hofstade and Gereon Sievernich, 163 - 73. Frankfurt am Main: Insel Verlag, 1985

穆南，温迪. 勇猛之将，绘其勇猛. 纽约时报，2005-03-25 (E32).

Moonan, Wendy. "Heroic Commanders, Heroically Depicted." *The New York Times* 25 March 2005: E32

纳雷摩尔，詹姆斯，帕特里克·布兰林格. 现代性与大众文化. 布卢明顿：印第安纳大学出版社，1991.

Naremore, James and Patrick Brantlinger, eds. *Modernity and Mass Culture*. Bloomington: Indiana University Press, 1991

那彦成. 阿文成公年谱. 1813. 台北：文海出版社，1971 年重印.

聂崇正.《乾隆平定准部回部战图》和清代的铜版画. 文物，1980 (4): 61-64.

聂崇正. 清朝宫廷铜版画《乾隆平定准部回部战图》. 故宫博物院院刊，1989 (4): 55-64.

纽约佳士得拍卖行. 中国绘画与书法. 销售编号 7790. 纽约：佳士得拍卖行，1993.

Christie's New York. *Fine Chinese Paintings and Calligraphy*, Sale #7790. New York: Christie's, 1993

欧立德. 满洲之道：清朝的八旗与民族认同. 斯坦福：斯坦福大学出版社，2001.

Elliott, Mark C. *The Manchu Way: The Eight Banners and Ethnic Identity in Late Imperial China*. Stanford: Stanford University Press, 2001

欧立德. 鞑靼的界限：帝国与民国地理中的满洲. 亚洲研究杂志，2000，59 (3)：603-646.

Elliott, Mark C. "The Limits of Tartary: Manchuria in Imperial and National Geographies." *Journal of Asian Studies* 59. 3 (2000): 603-646

欧立德. 满人寡妇与清代的族性. 社会与历史比较研究，1999，41 (1)：33-71.

Elliott, Mark C. "Manchu Widows and Ethnicity in Qing China." *Comparative Studies in Society and History* 41. 1 (1999): 33-71

彭元瑞. 高宗御制诗文十全集. 熊恢，考释. 台北：合记士林书局，1962—1963.

濮德培. 中国西征：清朝对中央欧亚的征服. 马萨诸塞州剑桥：哈佛大学出版社，2005.

Perdue, Peter C. *China Marches West: The Qing Conquest of Central Eurasia*. Cambridge, MA: Harvard University Press, 2005

濮德培. 边界、地图和运动：近代早期中央欧亚的中国、俄国和蒙古帝国. 国际历史评论，1998，20 (2)：263-286.

Perdue, Peter C. "Boundaries, Maps, and Movement: Chinese, Russian, and Mongolian Empires in Early Modern Central Eurasia." *International History Review* 20. 2 (1998): 263-86

钱德明. 在华传教士钱德明神父关于 1775 年苗子减少的信件；关于征服苗子地区的其他说法//北京传教士关于中国历史、科学、艺术、风俗、习惯的见闻录：第 3 卷. 巴黎：尼翁, 1778：387-422.
Amiot, Jean-Joseph Marie. "Lettre du P. Amiot, Missionaire de la Chine, sur la Réduction des Miao-tsée en 1775" and "Autre Relation de la Conquête du Pays des Miao-Tseé." In *Mémoires concernant l'histoire, les sciences, les arts, les moeurs, les usages &c des chinois; par les missionaires de Pékin*, vol. 3, 387-422. Paris: Nyon, 1778

钱实甫. 清代职官年表. 北京：中华书局, 1980.
乾隆皇帝. 十全记//彭元瑞. 高宗御制诗文十全集. 熊恢, 考释. 台北：合记士林书局, 1962—1963：671.
乾隆皇帝. 御制南巡记//四库全书珍本：第 11 集：钦定南巡盛典. 台北：商务印书馆重印, 无出版日期.
秦蕙田. 五礼通考. 1761.
钦定大清会典 钦定大清会典事例. 1899. 台北：新文丰出版公司, 1976 年重印.
清朝通典. 上海：商务印书馆, 1936.
清朝通志. 上海：商务印书馆, 1936.
清史稿. 1928. 北京：中华书局, 1977 年重印.

庆桂，等. 清宫史续编. 1810. 北平：故宫博物院图书馆，1931年重印.

乔迅. 两位18世纪古怪艺术家作品中的文化、民族和帝国. 人类学与美学，1999，35：201-223.

Hay, Jonathan S. "Culture, ethnicity, and empire in the work of two eighteenth-century 'eccentric' artists." *Res: Anthropology and Aesthetics* 35 (1999): 201-223

乔迅. 清初视觉文化与物质文化的历时性考察//司徒琳. 世界历史时间中清的形成. 马萨诸塞州剑桥：哈佛大学出版社，2004：303-334.

Hay, Jonathan S. "The Diachronics of Early Qing Visual and Material Culture." In *The Qing Formation in World Historical Time*, ed. Lynn A. Struve, 303-334. Cambridge, MA: Harvard University Press, 2004

乔迅. 康熙皇帝的笔迹：书法、书写与皇家权威的艺术//巫鸿，蒋人和. 中国视觉文化的体与面. 马萨诸塞州剑桥：哈佛大学出版社，2005：311-334.

Hay, Jonathan S. "The Kangxi Emperor's Brush-Traces: Calligraphy, Writing, and the Art of Imperial Authority." In *Body and Face in Chinese Visual Culture*, ed. Wu Hung and Katharine R. Tsiang, 311-334. Cambridge, MA: Harvard University Press, 2005

乔迅. 清初江宁的明朝宫殿与皇陵：王朝记忆与历史的开放性. 帝制中国晚期，1999，20 (1)：1-48.

Hay, Jonathan S. "Ming Palace and Tomb in Early QingJiangning: Dynastic Memory and the Openness of History." *Late Imperial China* 20. 1 (1999): 1-48

乔迅. 石涛: 清初中国的绘画与现代性. 剑桥: 剑桥大学出版社, 2001.

Hay, Jonathan S. *Shitao: Painting and Modernity in Early Qing China*. Cambridge: Cambridge University Press, 2001

芮沃寿. 中国历史上的佛教. 斯坦福: 斯坦福大学出版社, 1959.

Wright, Arthur F. *Buddhism in Chinese History*. Stanford: Stanford University Press, 1959

萨耶, 安娜. 建筑仙境: 一个帝国幻象//米华健, 邓如萍, 欧立德, 等. 新清帝国史: 清朝在承德所建立的内亚帝国. 伦敦: 劳特利奇/柯曾出版社, 2004: 33-52.

Chayet, Anne. "Architectural Wonderland: An Empire of Fictions." In *New Qing Imperial History: The Making of Inner Asian History at Qing Chengde*, ed. James A. Millward et al. , 33-52. London: Routledge/Curzon, 2004.

萨耶, 安娜. 布达拉宫: 达赖喇嘛的权力象征//弗朗索瓦·波马雷特. 17 世纪的拉萨: 达赖喇嘛的都城. 霍华德·索尔弗森, 译. 莱顿: 布里尔出版社, 2002: 39-52.

Chayet, Anne. "The Potala: Symbol of the Power of the Dalai

Lama. " In *Lhasa in the Seventeenth Century*: *The Capital of the Dalai Lamas*, ed. Françoise Pommaret. Translated by Howard Solverson, 39-52. Leiden: E. J. Brill, 2002

萨耶，安娜. 热河寺庙及其西藏原型. 巴黎：文化研究出版社，1985.

Chayet, Anne. *Les temples de Jehol et leurs modèles Tibétains*. Paris: Éditions Recherches sur les Civilisations, 1985

萨义德，爱德华. 东方主义. 纽约：万神殿出版社，1978.

Said, Edward. *Orientalism*. New York: Pantheon, 1978

上谕档. 北京.

佘城. 乾隆朝画院：台北故宫藏品研究//周汝式，布歌迪. 高雅笔墨：乾隆时期的中国绘画. 亚利桑那州菲尼克斯：菲尼克斯艺术博物馆，1985：318-342.

She Ch'eng. "The Painting Academy of the Qianlong Period. " In *The Elegant Brush*: *Chinese Painting under the Qianlong emperor 1735-1795*, ed. Chou Ju-hsi and Claudia Brown, 318-42. Phoenix, AZ: Phoenix Art Museum, 1985

石康. 万历时期播州之战中的文武合作. 战争与社会，2000，18 (2)：49-70.

Swope, Kenneth. "Civil-Military Co-ordination in the Bozhou Campaign of the Wanli Era. " *War and Society* 18. 2 (2000): 49-70

史景迁. 康熙皇帝自画像. 纽约：诺夫出版社，兰登书屋经销，1974.

Spence, Jonathan D. , *Emperor of China*: *Self-Portrait of*

K'ang-hsi, 1st ed. New York: Knopf, distributed by Random House, 1974

舒赫德, 等. 钦定剿捕临清逆匪纪略. 1781.

斯达里, 乔瓦尼. 南怀仁所铸"满洲大炮"及其迄今未知的铸炮术//约翰·威特克. 南怀仁 (1623—1688): 耶稣会传教士、科学家、工程师和外交家. 内特塔尔: 圣言出版社, 1994: 215-225.

Stary, Giovanni. "The 'Manchu Cannons' Cast by Ferdinand Verbiest and the Hitherto Unknown Title of his Instructions." In *Ferdinand Verbiest (1623-1688): Jesuit Missionary, Scientist, Engineer and Diplomat*, ed. John W. Witek, 215 - 225. Nettetal: Steyler Verlag, 1994

斯达里, 乔瓦尼, 狄宇宙, 庞晓梅, 亚历山德拉·波齐. 追寻满族文化 (1644—1994): 征服北京后的 350 年. 威斯巴登: 哈拉索维茨-维尔拉格, 1995.

Stary, Giovanni, Nicola di Cosmo, Tatiana Pang, and Alessandra Pozzi. *On the Tracks of Manchu Culture: 1644 - 1994: 350 Years after the Conquest of Peking*. Wiesbaden: Harassowitz Verlag, 1995

斯卡夫, 乔纳森·卡拉姆. 大门口的野蛮人?: 唐朝边镇与安禄山反叛. 战争与社会, 2000, 18 (2): 123—135.

Skaff, Jonathan Karam. "Barbarians at the Gates? The Tang Frontier Military and the An Lushan Rebellion." *War and Society* 18. 2 (2000): 123-35

斯沃特, 保拉, 巴里·蒂尔. 努尔哈赤与皇太极的宫殿和陵寝:

满人采用并适应汉人建筑. 亚洲艺术，1988，18（3）：149-158.

Swart, Paula and Barry Till. "Nurhachi and Abahai: Their Palace and Mausolea. The Manchu Adoption and Adaptation of Chinese Architecture." *Arts of Asia* 18. 3 (1988): 149-58

司马富. 绘制中国的世界//叶文心. 中国社会的景观、文化和权力. 伯克利：东亚研究所，1998：52-109.

Smith, Richard J. "Mapping China's World." In *Landscape, Culture, and Power in Chinese Society*, ed. Wenhsin Yeh, 52-109. Berkeley: Institute of East Asian Studies, 1998

司徒安. 身体与笔：18 世纪中国作为文本/表演的大祀. 芝加哥：芝加哥大学出版社，1997.

Zito, Angela. *Of Body and Brush: Grand Sacrifice as Text/Performance in Early Modern China*. Chicago: University of Chicago Press, 1997

司徒琳. 南明史（1644—1662）. 纽黑文：耶鲁大学出版社，1984.

Struve, Lynn A. *The Southern Ming, 1644-1662*. New Haven: Yale University Press, 1984

四库全书总目. 1782. 北京：中华书局，1992 年重印.

孙文良，等. 乾隆帝. 长春：吉林文史出版社，1993.

田中，史蒂芬. 日本的东方主义：将过去写入历史. 伯克利：加利福尼亚大学出版社，1993.

Tanaka, Stefan. *Japan's Orient: Rendering Pasts into His-*

tory. Berkeley：University of California Press，1993

铁玉钦，王佩环. 盛京皇宫. 北京：紫禁城出版社，1987.

铁玉钦，王佩环. 试论康熙东巡的意义. 故宫博物院院刊，1988（4）：3-9.

万依，黄海涛. 清代宫廷音乐. 北京：紫禁城出版社，1985.

王，格雷斯，吴艾坤. 清代帝王生活：来自中国沈阳故宫的珍宝. 新加坡：兰德马克出版社，1989.

Wong，Grace and Goh Eck Kheng. *Imperial Life in the Qing Dynasty：Treasures from the Shenyang Palace Museum*，China. Singapore：Landmark Books，1989

王昶. 春融堂集. 1807. 珠溪文彬斋，1892.

王昶. 蜀徼纪闻//王锡祺. 小方壶斋舆地丛钞：第8帙. 上海：著易堂，1877—1897.

王昶，等. 平定两金川方略. 约1779—1780. 北京：全国图书馆文献缩微复制中心，1991年重印.

王国斌. 中国政府的千年之变. 纽约：提交哥伦比亚大学东亚研究所论文，1999.

Wong，R. Bin. "A Millennium of Chinese State Transformations." Paper Presented at the Columbia University East Asian Institute，New York，1999

王湘云. 清廷的藏传佛教：章嘉若必多吉的生平与事迹（1717—1786）. 哈佛大学博士论文，1995.

Wang Xiangyun. "Tibetan Buddhism at the Court of Qing：

The Life and Work of lCangskya Rol-pa'i-rdo-rje（1717－1786）."
Ph. D. diss. , Harvard University, 1995

卫周安. 清朝中期的流放：发配新疆（1758—1820）. 纽黑文，
伦敦：耶鲁大学出版社，1991.

Waley-Cohen, Joanna. *Exile in Mid-Qing China : Banish-
ment to Xinjiang, 1758-1820.* New Haven and London: Yale U-
niversity Press, 1991

卫周安. 北京的六分仪：中国历史中的全球潮流. 纽约：诺顿
出版社，1999.

Waley-Cohen, Joanna. *The Sextants of Beijing : Global
Currents in Chinese History.* New York: W. W. Norton, 1999

卫周安. 18世纪清帝国变动的空间//狄宇宙，唐·怀亚特. 中
国历史上的政治边疆、民族边界与人类地理. 伦敦：劳特利奇/柯曾
出版社，2003：324-350.

Waley-Cohen, Joanna. "Changing Spaces of Empire in Eigh-
teenth-Century Qing China." In *Political Frontiers, Ethnic
Boundaries, and Human Geographies in Chinese History*, ed.
Nicola di Cosmo and Don Wyatt, 324-350. London: Routledge/
Curzon Press, 2003

卫周安. 18世纪晚期中国与西方的技术. 美国历史评论，
1993，98（5）：1525-1544.

Waley-Cohen, Joanna. "China and Western Technology in the
Late Eighteenth Century." *American Historical Review* 98. 5
(1993): 1525-44

卫周安. 18 世纪中国的纪念性战争. 现代亚洲研究，1996，30（4）：869-899.

Waley-Cohen, Joanna. "Commemorating War in Eighteenth-Century China." *Modern Asian Studies* 30. 4 (1996)：869-899

卫周安. 18 世纪中国的神和炮：乾隆时期的耶稣会士和军事活动（1736—1796）//文化联系：东亚、历史与社会科学（第三十三届国际亚洲和北非研讨会论文集）. 纽约州刘易斯顿：埃德温·麦伦出版社，1992：94-99.

Waley-Cohen, Joanna. "God and Guns in Eighteenth-Century China：Jesuit Missionaries and the Military Campaigns of the Qianlong emperor (1736-96)." In *Contacts Between Cultures：Eastern Asia：History and Social Sciences*, 33rd International Congress of Asian and North African Studies. Lewiston, NY：Edwin Mellen Press, 1992, 94-99

卫周安. 绪论. 战争与社会，2000，18（2）：1-7.

Waley-Cohen, Joanna. "Introduction." *War and Society* 18. 2 (2000)：1-7

卫周安. 18 世纪清帝国文化的军事化. 共同知识，2006，12（1）：96-106.

Waley-Cohen, Joanna. "On the Militarization of Culture in the Eighteenth-Century Qing Empire." *Common Knowledge* 12. 1 (2006)，96-106

卫周安. 18 世纪中国的军事文化//狄宇宙. 中国历史上的战争文化. 马萨诸塞州剑桥：哈佛大学出版社. 即将出版.

Waley-Cohen, Joanna. "Military Culture in Eighteenth-Century China." In *Military Culture in Chinese History*, ed. Nicola di Cosmo. Cambridge, MA: Harvard University Press, forthcoming

卫周安. 军礼与清帝国//狄宇宙. 内亚历史上的战争. 莱顿: 布里尔出版社, 2002: 405-444.

Waley-Cohen, Joanna. "Military Ritual and the Qing Empire." In *Warfare in Inner Asian History*, ed. Nicola di Cosmo, 405-444. Leiden: E. J. Brill, 2002

卫周安. 新清史. 激进历史评论, 2004, 88: 193-206.

Waley-Cohen, Joanna. "The New Qing History." *Radical History Review* 88 (2004): 193-206

卫周安. 18 世纪中国的宗教、战争与帝国建设. 国际历史评论, 1998, 20 (2): 336-352.

Waley-Cohen, Joanna. "Religion, War, and Empire-Building in Eighteenth-Century China." *The International History Review* 20. 2 (1998): 336-352

卫周安. 清中期法律文化中的政治与超自然现象. 近代中国, 1993, 19 (3): 330-353.

Waley-Cohen, Joanna. "Politics and the Supernatural in Mid-Qing Legal Culture," *Modern China* 19. 3 (1993): 330-353.

卫周安. 18 世纪晚期中国和西方的科技. 美国历史评论, 1993, 98 (5): 1525-1544.

Waley-Cohen, Joanna. "China and Western Technology in the

Late Eighteenth Century," *American Historical Review* 98. 5 (1993): 1525-44.

魏侯玮. 唐政权的巩固者唐太宗//崔瑞德. 剑桥中国隋唐史. 剑桥: 剑桥大学出版社, 1979: 188-241.

Wechsler, Howard. "T'ai-tsung (reign 626 - 649) The Consolidator." In *The Cambridge History of China*, vol. 3, *Sui and Tang*, 581 - 906, *Part 1*, ed. Denis Twitchett. Cambridge: Cambridge University Press, 1979, 188-241

魏源. 圣武记. 1842. 北京: 中华书局, 1984 年影印.

文朵莲. 乾隆辛巳科: 18 世纪中国的科举、国家与精英. 斯坦福: 斯坦福大学出版社, 2004.

Man-cheong, Iona. *The Class of 1761: Examinations, State, and Elites in Eighteenth-Century China*. Stanford: Stanford University Press, 2004

吴承恩. 西游记. 亚瑟·威利, 译. 伦敦: 企鹅出版集团, 1974.

Wu Cheng'en. *Monkey*. Translated by Arthur Waley. London: Penguin, 1974

吴劳丽. 征服新疆的汉文文献. 近代中国, 1999, 25 (4): 451-474.

Newby, Laura J. "The Chinese Literary Conquest of Xinjiang." *Modern China* 25.4 (1999): 451-474

夏南悉. 中国帝都规划. 火奴鲁鲁: 夏威夷大学出版社, 1990.

Steinhardt, Nancy Schatzman. *Chinese Imperial City Plan-*

ning. Honolulu：University of Hawaii Press，1990

夏南悉. 辽代建筑. 火奴鲁鲁：夏威夷大学出版社，1997.

Steinhardt，Nancy Schatzman. *Liao Architecture*. Honolulu：University of Hawaii Press，1997

薛允升. 读例存疑. 北京：翰茂斋，1905. 台北：成文出版社，1970 年重印.

杨伯达. 清乾隆朝画院沿革//姜菲德，方闻. 文字与图像：中国的诗歌、书法与绘画. 乔迅，译. 纽约，普林斯顿，大都会艺术博物馆，普林斯顿大学出版社，1991.

Yang Boda. "The Development of the Ch'ien-lung Painting Academy." In *Words and Images：Chinese Poetry*，*Calligraphy*，*and Painting*，ed. Alfreda Muck and Wen C. Fong. New York：The Metropolitan Museum of Art and Princeton：Princeton University Press，1991

杨新. 从北京故宫博物院的收藏看清朝雍正乾隆时期的宫廷绘画//周汝式，布歌迪. 高雅笔墨：乾隆时期的中国绘画. 亚利桑那州菲尼克斯：菲尼克斯艺术博物馆，1985.

Yang Xin. "Court Painting in the Yongzheng and Qianlong Periods of the Qing Dynasty，with Reference to the Collections of the Palace Museum，Peking." In *The Elegant Brush：Chinese Painting under the Qianlong emperor 1735-1795*，ed. Chou Ju-hsi and Claudia Brown. Phoenix，AZ：Phoenix Art Museum，1985

耶稣会士. 北京通信集. 法国巴黎：法兰西学院图书馆藏品.

Jesuit missionaries. *Correspondence from Beijing*. Bibliothèque de l'Institut de France. Paris, France

余定国. 制图反思：中国地图与欧洲地图的不同. 亚洲艺术, 1992：29-45.

Yee, Cordell. "A Cartography of Introspection：Chinese Maps as Other than European." *Asian Art* (1992)：29-45

于敏中，等. 钦定日下旧闻考. 1781. 北京：北京古籍出版社, 1983 年重印.

曾嘉宝. 纪丰功　述伟绩：清高宗十全武功的图像纪录——功臣像与战图. "故宫"文物月刊, 1990, 8 (9)：38-65.

曾嘉宝. 乾隆朝第一批图绘功臣像中的八幅. 亚洲艺术, 1992, 47：69-88.

Tsang, Ka Bo. "Portraits of Meritorious Officials：Eight Examples from the First Set Commissioned by the Qianlong emperor." *Arts Asiatiques* 47 (1992)：69-88

战争与社会（帝制中国的文武关系专辑）, 2000, 18 (2).

War and Society：Special Issue on Civil-Military Relations in Imperial China. 18. 2 (2000)

张勉治. 马背上的朝廷：中国满族王朝统治的建构（1751—1784）. 加利福尼亚大学圣迭戈分校博士论文, 2001.

Chang, Michael G. "A Court on Horseback：Constructing Manchu Ethno-Dynastic Rule in China, 1751-1784." Ph. D. diss., University of California, San Diego, 2001

张照，梁诗正，等. 石渠宝笈续编. 1793. 台北："故宫博物院"，1969—1971 年重印.

赵翼. 平定两金川述略//王锡祺. 小方壶斋舆地丛钞：第 8 帙. 上海：著易堂，1877—1897.

甄爱寥. 所做为文明，所做为自己国家：义和团战争认识的再检讨. 香港：香港中文大学出版社，2002.

Elliott, Jane. *Some Did it for Civilisation, Some Did it for their Country: A Revised View of the Boxer War*. Hong Kong: The Chinese University Press, 2002

镇澄. 清凉山志. 1755. 印光大师，修订. 台北：明文书局，1933.

周启荣. 帝国晚期中国儒家礼教主义的兴起：民族、经典和谱系话语. 斯坦福：斯坦福大学出版社，1994.

Chow Kai-wing. *The Rise of Confucian Ritualism in Late Imperial China: Ethics, Classics, and Lineage Discourse*. Stanford: Stanford University Press, 1997

朱家溍. 郎世宁的贴落画. 亚洲艺术收藏鉴赏月刊，1988，18 (11)：80-83.

Zhu Jiajin. "Castiglione's Tieluo Paintings." *Orientations* 18. 11 (1988)：80-83

朱家溍. 乾隆皇帝大阅图. 紫禁城，1980 (2)：28.

庄吉发. 从谢遂的《职贡图》谈金川的民俗//庄吉发. 清史拾遗. 台北：学生书局，1992：225-229.

庄吉发. 清高宗十全武功研究. 台北："故宫博物院"，1982.

左步青. 乾隆南巡. 故宫博物院院刊，1981 (2)：22-37.

索 引 *

Agui 阿桂 29, 43, 60, 85, 97: correspondence with Qianlong 与乾隆皇帝通信 79

Alien rulers 异族统治者 6, 36, 48

Altan Kahn 阿勒坦汗 51

Amiot, Jean Joseph Marie 钱德明 61, 81–83, 86, 122 注 53, 130 注 46

Annam (Vietnam) 安南 (越南) 21, 23, 42, 93, 95

Architecture 建筑: and empire 与帝国 55, 101–106; and *wen/wu* 与文/武 101; models for 仿建建筑, 100–106

Armour 盔甲: ceremonial 仪式 40, 70, 72–74, 79, 128 注 23, 128 注 27

Artillery 火器 6, 63–64, 73, 94: Jesuit assistance with 耶稣会士的协助 58; god of (*paoshen*) 炮神, 71; ritual use 仪式用途 69, 73, 74, 75; 也见 *Shenwei*; *Zimu*

Attiret, Jean-Denis 王致诚 41, 84

China 中国：Manchu emperors as rulers of 作为中国统治者的满洲皇帝 2, 37, 52；meaning of term 此词的意思 xi；nationalist historiography of 民族主义史学 7；part of Qing empire 清帝国的组成部分 1, 6, 48, 67；presumed disinterest in military affairs 所谓的对军事不感兴趣 5；religious war in 宗教战争 49-50；scenic spots replicated 复建的景点 55, 104；traditions 传统 6, 20, 83-84；*wen* and *wu* in 文与武 3, 4

Chinese elites 汉族精英 8-9, 14, 22：receptivity to military culture project 乐于接受军事文化大业 91-92

Chang'an (Xi'an) 长安（西安）2

Chingghis Khan 成吉思汗 3, 36, 60

Christie's 佳士得拍卖行 66-67, 77-78

Chuishi jiuyuan (instructing and edifying later generations into the distant future) 垂世久远 24, 66；也见 Qianlong

Civilizing mission 教化使命 8, 49

Commemoration 纪念 1, 15, 20, 23-47, 78, 118 注 25：paintings 绘画 41-45；rituals 礼仪 38-40；stelae 石碑 26-38, 45, 78

Comprehensive Investigation of the Five Rites (*Wuli tongkao*)《五礼通考》67, 69-70

Comprehensive Rites of the Great Qing (*Daqing tongli*)《大清通礼》69-71：on Grand Inspection 关于大阅 71-73

Confucianism 儒家 2, 26, 31, 32, 52, 86

Consumption 消费：in Ming 明朝 1；Qing attitudes towards 清朝的态度 91

Continuum 连续统一体：notion of a 认识 4, 8-10, 91

Co-optation of autonomous trends by Qing 清廷对于自治倾向的笼络 20, 70, 130 注 37

100；Grand Inspections at 大阅 71；imperial palace at 皇宫 101－103；Mahakala temple at 玛哈噶喇庙 103；militarized architecture in 军事化建筑 101-103；Nurhaci and Hung Taiji buried at 努尔哈赤、皇太极葬于此 100；original *Shi Sheng Si* at 原实胜寺 30；pre-conquest capital at 入关前的都城 18，30，71，100；Tibetan-Buddhist temples at 藏传佛教寺庙 18

Shi qu bao ji xubian（Imperial Paintings Catalogue，First Supplement）《石渠宝笈续编》40，45

Shi quan lao ren（Old Man of the Ten Complete Victories）十全老人 21，23，45，78，93

Shi quan wu gong（Ten Complete Military Victories）十全武功：Qianlong enumeration of 乾隆皇帝历数十全武功 17，21，23，93；Qianlong writings on 乾隆皇帝著述 34，45；First Jinchuan War retroactively elevated to 20，30，56，78 回溯将第一次金川之役列入；Old Man of the (*shi quan lao ren*) 十全老人 21，23，45，78，93；portraits of meritorious officials in 功臣像 43；illustrations of 图示 24，41，42，84-85；也见 Qianlong；Zhantu

Shi Sheng Si（Temple of True Victory）实胜寺 30：inscription 碑刻 30；pavilion for 碑亭 30；size 大小 30；1749 temple evoking earlier namesake 使用此前同名的 1749 年寺庙 30；at Shenyang 盛京 30，103

Shi Sheng Si hou ji（*Later Records of the Temple of True Victory*）《实胜寺后记》31

Shoufu（Reception of Captives）受俘 38，40，80-81：Amiot's account of 钱德明的记述 81-82；following Second Jinchuan War 第二次金川之役后 80-81；illustrations of 图示 85；institutionalized 制度化的 78；Tang precedents for 唐朝先例 38；也见 Ritual；*Xianfu*

Shuangzhong Si（Temple of Double Loyalty）双忠祠 34

Shuhede 舒赫德 96

戏剧性场面 67，68，81，83，87

Three Feudatories Rebellion（*sanfan*）三藩之乱 17，19，53，77，94

Three Kingdoms, *Romance of the*《三国演义》4，91；translated into Manchu 译成满文 92

Three kneelings and nine obeisances 三跪九叩 40，76，79

Tibet 西藏：death of Qing officials in 清朝官员死于此 34；Galdan and 噶尔丹 53；Inner Asian traditions of 内亚传统 2，35，37；lamas sent to Jinchuan region from 派往金川地区的喇嘛 62；language of 语言 11，31，33，35；Lcangskya Rolpay Dorje and 章嘉若必多吉 57；monument in 纪念碑 34；Mongols and 与蒙古人 51-52；people of 人 37，91；and Qing empire 与清帝国 1，15，19，49，53，55，67，107；temples replicated 仿建寺庙 55，104；wars in 战争 22，34，49，51，54，81；也见 Dalai Lama；Tibetan-Buddhism

Tibetan-Buddhism 藏传佛教 1，2：among Mongols 蒙古人中间 3，11，12，51，53，55，102；Hung Taiji's support for 皇太极支持 102；inscription concerning 碑文 104；Qing emperors and 与清朝皇帝 11，12，21，51-55；Qing uses of 清朝利用 3，11，18，104；temples replicated 仿建寺庙 55，104；and war 与战争 48，50；也见 Dalai Lama；Lama-patron relationship；*Lama shuo*；Zunghars

Torghuts 土尔扈特：poem by Ji Yun concerning 纪昀所作相关诗作 94；return to Qing 回归清朝 14，33

Triumphant Return from War（*kaizu*）凯旋 67，77-78，85

Tuancheng yanwu ting（Imperial Military Inspection Grounds）团城演武厅 30，106，127注19

Uighur 维吾尔：language 语言 11，35，119注28；people 人 91

Universalism 普世主义：Qing aspirations to 清朝的抱负 xii, 11, 15, 21, 35-36, 37, 53, 74, 103, 109

Versailles 凡尔赛 41, 68-69, 99

Wang Chang 王昶 96, 96-97

War, Board of 兵部 39, 72, 73, 74, 78, 81, 82

War 战争：centrality in Qing 清朝中心地位 1, 2, 20, 91, 92；commemoration of 纪念 15；23-47；as cultural category 作为文化类别 14；Guandi as god of 作为战神的关帝 4, 70, 91, 131 注 4；illustrations of (*Zhantu*) 战图 24, 38, 41, 42, 84-85；memorials 纪念物；也见 commemoration；Qianlong obsession with 乾隆皇帝醉心于 21, 25, 29；Qing focus on 清代聚焦于 14；and religion 与宗教 49-50, 56-57, 61-62, 65；and ritual 与礼仪 66-88；success in as qualification for political office 取得战功获得政治任命的资格 14；Western assumptions about China and 西方关于中国与战争的认识 5；也见 Jinchuan；Ten Complete Military Victories；Xinjiang；Zunghars

War Illustrations (*zhantu*) 战图 24, 38, 41, 42, 84-85

Welcoming a Victorious Army Upon Return (*jiaolao*) 郊劳 77-80：classical origins 经典起源 77；Hung Taiji's 皇太极 77；impact of 影响 78；Kangxi's 康熙皇帝 77；institutionalization under Qianlong 乾隆时期的制度化 77；and the first Jinchuan War 与第一次金川之役 121 注 41；at Liangxiang 在良乡 85；at Lugouqiao 在卢沟桥 129 注 38；monument commemorating 纪念碑 85；poems commemorating 纪念诗 80；paintings of 绘画 85；Qianlong and 与乾隆皇帝 78；and Xinjiang wars 与新疆之役 78；Qianlong's poems commemorating 乾隆御制诗纪念 80

Wen (civil) 文：and gender 与性别 8, 10；rituals 礼仪 83；and wu 与

段

译后记

本书是集体合作的产物，翻译分工如下：

董建中：序言，第一章，第六章，参考文献，索引；

高峰：第二章；

黄智辉：第三章；

张扬：第四章；

张御清：第五章。

全书由董建中统校。

高峰、黄智辉、张御清是 2015 年我讲授硕士生专业翻译课上的学生，各章是给他们布置的作业。本书的出版，算是当年课堂时光的见证。张扬的硕士论文讨论的是英译汉翻译技巧，所举实例正是卫周安教授著作的第四章，我邀约将译文纳入本书，在此特别感谢未曾谋面的张扬。

具体的翻译，只想说一点。卫周安教授在序言中说，"China"

和"the Chinese"的含义是不断变化的,"本书还做不到不使用此类简单明了表达的术语,但对它们的使用并不表示有任何固定的或单一的意义"。在翻译过程中,这也令译者时感困难,肯定会顾此失彼,尚希读者亮察。

董建中
2020 年 6 月于中国人民大学清史研究所

图书在版编目(CIP) 数据

清代战争文化 /（美）卫周安（Joanna Waley-Cohen）著；董建中等译.
--北京：中国人民大学出版社，2020.8
（海外中国研究文库·一力馆）
ISBN 978-7-300-28427-9

Ⅰ. ①清… Ⅱ. ①卫… ②董… Ⅲ. ①战争史-研究-中国-清代
Ⅳ. ①E294.9

中国版本图书馆 CIP 数据核字（2020）第 153443 号

海外中国研究文库·一力馆
清代战争文化
［美］卫周安（Joanna Waley-Cohen）　著
董建中　等 译
Qingdai Zhanzheng Wenhua

出版发行	中国人民大学出版社	
社　　址	北京中关村大街31号	邮政编码　100080
电　　话	010－62511242（总编室）	010－62511770（质管部）
	010－82501766（邮购部）	010－62514148（门市部）
	010－62515195（发行公司）	010－62515275（盗版举报）
网　　址	http://www.crup.com.cn	
经　　销	新华书店	
印　　刷	北京联兴盛业印刷股份有限公司	
规　　格	148 mm×210 mm　32开本	版　次　2020年8月第1版
印　　张	7.625 插页2	印　次　2020年8月第1次印刷
字　　数	164 000	定　价　69.00 元